Rechtsstudium
und
Preußische Referendarprüfung

Eine Anleitung für Rechtsbeflissene und Prüfungskandidaten

von

Dr. Albert David

Vizepräsident des Kammergerichts und Vorsitzender des Juristischen Prüfungsamtes beim Kammergericht

Springer-Verlag Berlin Heidelberg GmbH 1928

ISBN 978-3-662-31902-4 ISBN 978-3-662-32729-6 (eBook)
DOI 10.1007/978-3-662-32729-6

Vorwort.

Alleiniger Zweck dieser Anleitung soll sein, den Rechtsbeflissenen und Prüfungskandidaten Rat und Auskunft zu geben über Einzelfragen, die hinsichtlich der Einrichtung ihres Studiums in bezug auf die erste juristische Prüfung hauptsächlich hervortreten, sowie über die Anforderungen, die im allgemeinen diese Prüfung selbst an sie stellt. Nicht dagegen soll Stellung genommen werden zu den Fragen, die eine Reform des Rechtsstudiums und der ersten juristischen Prüfung betreffen, insbesondere zu dem Meinungsstreit, ob an der durch die AusbildungsO. vom 11. August 1923 für die Referendarprüfung eingeführten Zweiteilung der mündlichen Prüfung festzuhalten, oder ob zu der früheren Prüfungsweise der einheitlichen mündlichen Prüfung durch einen Prüfungsausschuß zurückzukehren sei. Denn wie diese Fragen auch entschieden werden, eine wesentliche Änderung in den Grundlinien für das Rechtsstudium selbst und für die engere Vorbereitung auf die Prüfung wird kaum eintreten. Selbstverständlich muß in vorliegender Anleitung von der jetzigen Regelung des Rechtsstudiums und der Prüfung ausgegangen werden.

Wohl überflüssig ist, hervorzuheben, daß es sich bei den Darlegungen überall lediglich um die private Meinung des Verfassers handelt.

Berlin, im Januar 1928 **Albert David.**

Inhaltsübersicht.

Einleitung.

Den von der Schule als reif für das Hochschulstudium Entlassenen empfängt und umfängt an der Schwelle der Hochschule die akademische Freiheit: Freiheit von einer Jahre hindurch mehr oder weniger schwer ertragenen strengen Schuldisziplin, Freiheit zumeist auch von den wirtschaftlichen Bindungen, die den jungen Mann bis dahin mit dem Elternhause verbanden, vor allem aber Freiheit in der Einrichtung des von ihm erwählten Studiums, insbesondere in der Wahl der Lehrfächer und der Lehrer sowie in der Bemessung der dem einzelnen Lehrfach und dem einzelnen Lehrer zu widmenden Zeit und Aufmerksamkeit. Diese für Charakterbildung und Erziehung zu ernster Wissenschaftlichkeit nicht hoch genug zu schätzende Freiheit birgt für den Studierenden jedoch auch nicht geringe Gefahren in sich. Manchen verführt diese Freiheit zu einer sich bald für ihn schädlich auswirkenden Verzettelung seiner Kräfte. Andere verleitet sie zu einer Vernachlässigung des Studiums, die sich, wenn nicht schon bei den Prüfungen, so doch sicherlich im späteren Berufe rächen muß. Aber auch dem Gewissenhaften erschwert jene Freiheit nicht selten den Aufbau und die Durchführung eines sachgemäßen Studienplanes.

Alles dies gilt ganz besonders für den jungen Juristen, der von der Schule her zumeist nur ganz unbestimmte Vorstellungen von dem mitbringt, was das juristische Studium von ihm verlangt, und der nun bis zur ersten juristischen Prüfung in verhältnismäßig kurzer Frist einen Stoff zu durchdringen hat, der schon früher überaus umfangreich und verwickelt war und mit der Zeit immer umfangreicher und verwickelter geworden ist. Erschwerend kommt hinzu, daß die Materien, die das Rechtsstudium umfaßt, sich zwar vielfach berühren und ergänzen, gleichwohl keineswegs in einem solchen Verhältnis zueinander stehen, daß sich ohne weiteres ein natürliches Fortschreiten von einer Materie zur anderen ergäbe.

In den vielen hier auftauchenden Zweifelsfragen sollen die nachfolgenden Ausführungen dem angehenden Juristen insbesondere im Hinblick auf die abzulegende erste juristische Prüfung Berater und Wegweiser sein. Sie sollen ihm weiter namentlich auch Auskunft geben über alles, was über die Prüfung selbst zu wissen für ihn von Nutzen ist.

A. Das Rechtsstudium.

1. Universitätsstudium. Studiendauer.

Die Zulassung zur ersten juristischen Prüfung setzt nach Reichsrecht — § 2 Gerichtsverf.Ges. — ein **dreijähriges Rechtsstudium an einer Universität** voraus. Den einzelnen deutschen Ländern steht es frei, diesen Zeitraum zu verlängern. In **Preußen** ist an der Zeitbemessung von drei Jahren jedoch bisher festgehalten worden (§ 1 Preuß. Ges. vom 6. 5. 1869), während in anderen deutschen Ländern, insbesondere in Süddeutschland, ein längeres Rechtsstudium, so in Bayern ein solches von vier Jahren, in Württemberg, Baden und Hessen ein solches von dreieinhalb Jahren, vorgeschrieben ist. Auch in Preußen schweben seit längerer Zeit Erwägungen, ob im Hinblick auf den gegen früher so gewaltig angewachsenen Wissensstoff nicht ein längeres Studium zu verlangen sei. Von einer solchen Maßnahme ist jedoch bisher abgesehen worden, insbesondere mit Rücksicht auf die schwierigen wirtschaftlichen Verhältnisse der Nachkriegszeit, die vielen Studierenden einen möglichst baldigen Abschluß ihrer Studien erwünscht erscheinen lassen. Tatsächlich hat sich in den Prüfungen gezeigt, daß besonders begabte und fleißige Studierende in einem nur sechssemestrigen Studium auch den gesteigerten Wissensstoff wenigstens in einem für die Ansprüche der ersten juristischen Prüfung ausreichenden Maße sich aneignen können. Indes sind im allgemeinen die Erfahrungen, die bei der Prüfung solcher Studierenden gemacht werden, die sich auf ein sechssemestriges Studium glaubten beschränken zu dürfen, nicht günstig. Es ist daher jedem Rechtsbeflissenen, dessen wirtschaftliche Lage es irgendwie gestattet, dringend anzuraten, das Rechtsstudium auf mindestens sieben Semester auszudehnen. Er verbessert durch ein längeres Studium nicht nur seine Prüfungsaussichten, sondern — was noch weit wichtiger ist — er befestigt dadurch die wissenschaftliche Grundlage, auf der er in der Praxis aufbauen kann. Tatsächlich ist es schon jetzt auch in Preußen zur Regel geworden, daß die Rechtskandidaten sich erst nach sieben bis acht Semestern zur Prüfung melden.

Das Rechtsstudium, auf Grund dessen die Zulassung zur ersten juristischen Prüfung nachgesucht werden soll, muß nach der angezogenen Gesetzesbestimmung an einer Universität betrieben sein. Da es sich hierbei um eine gesetzliche Bestimmung handelt, so kann eine Befreiung von dieser Vorschrift im Verwaltungswege nicht erfolgen. Studiensemester, die an einer Technischen, Landwirtschaftlichen oder Forstwirtschaftlichen oder an einer Handelshochschule verbracht sind, können also nicht angerechnet werden, auch wenn dort juristische und volkswirtschaftliche Vorlesungen gehört worden sind (Verf. des JM. vom 25. 2. 1910 und 2. 3. 1922). Hierin liegt keine Geringerbewertung jener Hochschulen, die Hervorhebung des Universitätsstudiums ist vielmehr in der Eigenart der verschiedenen Hochschulen wohlbegründet. Denn die juristischen Vorlesungen an Technischen, Landwirtschaftlichen, Forstwirtschaftlichen und Handelshochschulen sind nach Ziel und Inhalt wesentlich verschieden von den juristischen Vorlesungen an den Universitäten. Nur die letzteren sind für die wissenschaftliche Ausbildung des Juristen bestimmt und nur bei ihnen besteht nach ihrem gesamten Ausbau die Gewähr, daß die juristischen und sonstigen für den Juristen in Betracht kommenden Vorlesungen die wünschenswerte wissenschaftliche Vertiefung finden.

Ein ordnungsmäßiges Universitätsstudium hat zur Voraussetzung, daß eine das Reifezeugnis einer höheren Lehranstalt voraussetzende Vollimmatrikulation vorausgegangen ist. Nur durch diese werden die vollen Rechte eines akademischen Bürgers erworben. Die Zulassung zu Universitätsvorlesungen auf Grund einer sog. kleinen Matrikel oder auf Grund eines Gasthörerscheins kann also nicht genügen. Juristische Studien, die, wenn auch an einer Universität, jedoch noch vor Erlangung des Reifezeugnisses betrieben worden sind, können sonach auf das vorgeschriebene Rechtsstudium regelmäßig nicht angerechnet werden.

Grundsätzlich ist ferner zu verlangen, daß der Rechtsbeflissene während der vorgeschriebenen Zahl von Semestern auf der Universität bei der juristischen Fakultät eingeschrieben ist. Jedoch steht der Umstand, daß ein Studierender während eines oder einiger Semester einer anderen Fakultät als der juristischen zugeschrieben war, der Anrechnung dieser Semester auf das dreijährige Rechtsstudium nicht unbedingt entgegen, sofern er in jenen Semestern in einem solchen Maße auch juristische Vorlesungen gehört hat, daß die Semester als auch dem Rechtsstudium gewidmet angesehen werden können. Die Entscheidung darüber, inwieweit eine solche Anrechnung stattfinden kann, steht im Einzelfalle dem Vorsitzenden des Prüfungsamtes zu. Diese Entscheidung kann indes endgültig erst bei der

Meldung zur Prüfung auf Grund der alsdann vorzulegenden gesamten, das Rechtsstudium betreffenden Nachweise getroffen werden. Allerdings steht nichts im Wege, daß der Rechtsbeflissene auch schon vorher bei dem Vorsitzenden des Prüfungsamtes, vor dem er die erste juristische Prüfung abzulegen gedenkt, über die Frage der Anrechenbarkeit eines solchen Semesters eine — allerdings vorerst unverbindliche — Auskunft einholt (Verf. des JM. vom 11. 8. 1913).

Dem Rechtsbeflissenen ist hinsichtlich der Frage, an welcher Universität er dem Rechtsstudium obliegen will, im allgemeinen freie Hand gelassen. Das Reichsrecht — § 2 GVG. — schreibt lediglich vor, daß von dem dreijährigen Zeitraum mindestens drei Halbjahre dem Studium auf einer deutschen Universität zu widmen sind. Preußen hat keine weiteren Einschränkungen vorgesehen, insbesondere nicht angeordnet, daß Studierende, die in Preußen die erste juristische Prüfung abzulegen wünschen, ihre Studien zu irgendeinem Teile an einer preußischen Universität betreiben müssen. Gleichwohl wird ein Rechtsbeflissener, der in Preußen die Prüfungen abzulegen und demnächst in den preußischen Vorbereitungsdienst einzutreten gedenkt, gut tun, nicht völlig von dem Besuch einer preußischen Universität abzusehen, da er an nichtpreußischen Universitäten kaum Gelegenheit hat, Vorlesungen über spezifisch preußisches Recht, insbesondere über Preußische Rechtsentwicklung, Preußisches Verfassungs- und Verwaltungsrecht und dergleichen zu hören, und auch in den übrigen Vorlesungen an den nichtpreußischen Universitäten auf das preußische Partikularrecht nicht immer genügend Rücksicht genommen wird. Auch für die Begründung der Zuständigkeit eines preußischen Prüfungsamtes hat der Besuch preußischer Universitäten Bedeutung; vgl. hierzu unten B I 1.

Dem Rechtsbeflissenen ist ein und selbst ein mehrmaliger Universitätswechsel gestattet. Allerdings kann ein solcher Universitätswechsel leicht eine Störung des bisherigen Studienganges zur Folge haben. Dem steht jedoch auf der anderen Seite der für die allgemeine Ausbildung des Studierenden nicht gering anzuschlagende Gewinn gegenüber, daß er anderwärts Land und Leute und andersgestaltete Lebensverhältnisse kennenlernt.

Ganz besonders zu empfehlen ist, daß der Rechtsbeflissene die Zeit studentischer Freiheit und Ungebundenheit in der obenbezeichneten Zeitgrenze auch zum Besuche ausländischer Universitäten benutzt. Bei der immer weiter fortschreitenden internationalen Verflechtung unserer gesamten Lebensverhältnisse tut gerade unserer studierenden Jugend ein

Blick über die Grenzen des eigenen Volkstums hinaus not. Allerdings ist der Kreis der juristischen Vorlesungen, die der Student mit Nutzen für die Prüfung im Auslande hören kann, beschränkt. Es kommen in dieser Hinsicht hauptsächlich in Betracht die Vorlesungen über Römisches Recht und Römische Rechtsgeschichte, Rechtsphilosophie, Allgemeines Staatsrecht und Völkerrecht sowie Vorlesungen über das weite Gebiet der Wirtschaftswissenschaften. Der Wert des Besuches einer ausländischen Universität liegt vor allem darin, daß der Studierende, abgesehen von der fremden Sprache, fremde Art und fremdes Wesen kennen und verstehen lernt; er erfährt, wie draußen die deutschen Verhältnisse beurteilt werden, und wird bei einigem kritischen Blick befähigt, eine richtige Einstellung zu den heimischen Verhältnissen zu finden, was für seine gesamte geistige Entwicklung von großer Bedeutung ist. Allerdings ist bei der Auswahl einer außerdeutschen Universität einige Vorsicht zu üben, da nicht alle ausländischen Universitäten als den deutschen gleichwertig angesehen werden können. In Zweifelsfällen werden auch hier die Vorsitzenden der Prüfungsämter bereitwillig darüber Auskunft geben, ob die Anrechnung der dem Rechtsstudium auf einer bestimmten ausländischen Universität zu widmenden Zeit auf das vorgeschriebene dreijährige Rechtsstudium vorbehaltlich einer späteren Prüfung der Ordnungsmäßigkeit des Studiums in Aussicht gestellt werden kann. Indes stellt ein solcher Bescheid lediglich die Auffassung des betreffenden Vorsitzenden dar und ist nicht ohne weiteres verbindlich für das Prüfungsamt, das demnächst über die Frage zu entscheiden hat, ob ein ordnungsmäßiges Rechtsstudium dargetan ist (Rundverfügung des JM. vom 30. 11. 07 und 14. 10. 22).

2. Lehrgegenstände.

Die Materien, die der Rechtsbeflissene in sein Rechtsstudium einzubeziehen hat, sind überaus umfangreich und vielgestaltig.

Im Mittelpunkt seiner zivilrechtlichen Ausbildung muß naturgemäß das Recht des Bürgerlichen Gesetzbuchs stehen mit den Quellen, aus denen es sich entwickelt hat, dem Römischen und dem Deutschen Privatrecht. Dazu tritt das Handelsrecht mit seinen Nebenzweigen, insbesondere Wechsel-, Scheck-, Versicherungsrecht, sodann das Urheberrecht, das Arbeits- und Wirtschaftsrecht und das Internationale Privatrecht. Das Studium hat sich ferner zu erstrecken auf das Strafrecht und Strafprozeßrecht mit den Nebenzweigen Gerichtliche Medizin, Gerichtliche Psychologie, Psychiatrie, Kriminalanthropologie u. ä. sowie das Zivilprozeßrecht,

Konkursrecht, Zwangsversteigerungsrecht und das Recht der freiwilligen Gerichtsbarkeit.

Auf dem Gebiet des öffentlichen Rechts hat der Rechtsbeflissene sich zu befassen mit Staats- und Verwaltungsrecht, mit Kirchen- und Völkerrecht. Weiter muß er sein Studium ausdehnen auf das weite Gebiet der Wirtschaftswissenschaften, insbesondere der allgemeinen und praktischen Volkswirtschaftslehre sowie auf Finanz- und Steuerrecht.

Eine wissenschaftliche Durchbildung in allen diesen Materien verlangt ferner gründliche Beschäftigung mit Rechtsphilosophie und Rechtsvergleichung sowie ein eingehendes Studium der Rechtsgeschichte und Rechtsentwicklung.

Der hier in großen Zügen gezeichnete Umfang des Wissensstoffes ist so gewaltig, daß verschiedentlich vorgeschlagen worden ist, hier und da eine Kürzung vorzunehmen. Eine solche Minderung des Lernstoffes wird namentlich in drei Richtungen als angängig bezeichnet.

In erster Linie wird einer Beschränkung der Vorlesungen über Römisches Recht das Wort geredet. Tatsächlich hat in der Prüfung das Römische Recht seine frühere dominierende Stellung jetzt verloren; insbesondere findet eine Übersetzung aus den römischen Rechtsquellen regelmäßig nicht mehr statt. Gleichwohl ist vor einer Vernachlässigung des Studiums des Römischen Rechts zu warnen. Denn die dem heutigen Privatrecht zugrundeliegenden Rechtsgedanken gehen zumeist auf das Römische Recht zurück, das die einzelnen Rechtsbegriffe in lichtvoller und bisher nicht übertroffener Weise entwickelt und gegeneinander abgegrenzt hat. Zum Verständnis des heutigen Privatrechts ist daher eine gründliche Schulung im Römischen Recht kaum entbehrlich. Noch mehr ist, da auch bei den meisten anderen Kulturstaaten die Rechtswissenschaft sich auf der Lehre des Römischen Rechts aufbaut, für eine verständnisvolle Erfassung des ausländischen Rechts sowie für rechtsvergleichende Studien die Kenntnis des Römischen Rechts grundlegende Voraussetzung.

Zu einem fruchtbaren Studium des Römischen Rechts fehlen allerdings dem Rechtsbeflissenen, der von einem Realgymnasium oder einer Oberrealschule herkommt, vielfach die nötigen Kenntnisse der lateinischen Sprache. In dieser Hinsicht Abhilfe zu schaffen, sind bei den meisten Universitäten besondere sprachliche Vorkurse eingerichtet worden, deren Besuch allen Rechtsstudierenden, die die lateinische Sprache nicht hinreichend beherrschen, nur dringend empfohlen werden kann.

Eine Erleichterung des Studiums glaubt man weiter durch eine Minderung des rechtsgeschichtlichen Lehrstoffes schaffen zu können. Jedoch auch hier muß diese Minderung sich in engen Grenzen halten. Denn eine wissenschaftliche Ausbildung, wie sie das Universitätsstudium doch vermitteln soll, kann einer Darstellung der geschichtlichen Entwicklung der Rechtsinstitute und einer Beschäftigung mit den vornehmlichen Rechtsquellen schlechterdings nicht entraten.

Endlich kann auch der Vorschlag, das Prozeßrecht auf der Universität mehr zurücktreten zu lassen, nicht allgemein gebilligt werden. Richtig ist allerdings, daß den Studierenden die prozessualen Fächer deshalb besondere Schwierigkeiten bieten, weil ihnen die für ein richtiges Verständnis erforderliche Anschauung von dem Verlauf eines Zivil- oder Strafprozesses oder eines Konkursverfahrens oder einer Zwangsversteigerung, sowie die Fähigkeit, sich von der praktischen Auswirkung der Verfahrensvorschriften auf die Prozeßgestaltung ein richtiges Bild zu machen, noch fehlt. Jedoch hindert dies nicht, daß die Rechtsbeflissenen sich bereits auf der Universität mit den Grundlagen, auf denen der Prozeß aufgebaut ist und mit den hauptsächlichsten Begriffen, Rechtsfiguren und Rechtsbehelfen des Prozeßrechts vertraut machen. Dies kann den Rechtsbeflissenen angesichts der Wichtigkeit, die die prozessualen Grundsätze im Rechtsverkehr haben, nicht erlassen werden.

Eine erhebliche Kürzung des vorbezeichneten Lehrstoffes kann also kaum in Frage kommen. Andererseits ist es naturgemäß eine Unmöglichkeit, daß der Studierende die vielen vorbezeichneten Materien bis in alle Einzelheiten durchdringt. Solches ist auch nicht einmal anzustreben. Denn über den vielen Einzelheiten würde der Blick für das Wesentliche und das Verständnis für die großen Zusammenhänge verlorengehen. Gerade auf diesen Überblick und die Erkenntnis des Wesentlichen kommt es aber in erster Linie an. Dieses Verständnis gewinnt der Rechtsbeflissene, wenn er beim Studium jedes einzelnen Gebietes vornehmlich darauf ausgeht, in den Geist der Rechtsnormen einzudringen, ihre wirtschaftliche Zweckrichtung und Tragweite zu erfassen und auf Grund der in dieser Weise erlangten Erkenntnis die Grundbegriffe und wesentlichen Rechtssätze sich zu eigen zu machen sowie Verständnis für ihr Verhältnis zueinander und zu verwandten Rechtsnormen zu gewinnen.

So umfangreich nach dem Vorgesagten der von dem Rechtsstudierenden auf dem eigensten Gebiete des Rechtsstudiums zu bewältigende Lehrstoff ist, so muß gleichwohl von ihm weiter noch verlangt werden, daß er sich bei seinem Fachstudium bewußt bleibt, daß er einer universitas literarum angehört. Er darf sich daher nicht auf die spezifisch juristischen Vorlesungen beschränken, sondern soll in seiner Studienzeit daneben außer

Studien auf den Spezialgebieten, auf die ihn etwa seine persönlichen Neigungen hinweisen, vor allem auf eine Erweiterung und Vertiefung seiner allgemeinen Bildung Bedacht nehmen. In dieser Richtung sind für den Juristen namentlich philosophische und geschichtliche Vorlesungen, unter den letzteren insbesondere Vorlesungen über neuere Geschichte, sowie Vorlesungen über alle das moderne Wirtschafts- und Gesellschaftsleben berührende Fragen von Bedeutung.

3. Studienplan.

Wohl bei keiner anderen Fakultät ist die Aufstellung eines Studienplanes, der den Studierenden als einzuhaltende Regel allgemein empfohlen werden könnte, schwieriger als in der juristischen Fakultät. Ist bei anderen Wissenszweigen der Studiengang regelmäßig gegeben in einem Vorschreiten vom Abstrakten zum Konkreten, von Vorlesungen rein theoretischen Inhalts zu solchen, die die erlernte Theorie an der Praxis zeigen, so gilt dieses für das juristische Studium nur mit Einschränkung. Selbst der zunächst einleuchtend erscheinende Satz, daß rechtsgeschichtliche Vorlesungen den Vorlesungen über das geltende Recht voranzugehen hätten, kann keine unbedingte Gültigkeit beanspruchen. Denn so richtig es ist, daß das bestehende Recht nur aus seiner geschichtlichen Entwicklung voll verstanden werden kann, so muß doch auch zugegeben werden, daß erst aus der Kenntnis der in der Gegenwart geltenden Rechtsanschauungen das richtige Verständnis für die Fortentwicklung der Rechtsinstitute gewonnen werden kann. Ob nun der Weg vom Abstrakten zum Konkreten, aus der Vergangenheit in die Gegenwart oder der umgekehrte der ratsamste ist, wird regelmäßig von der Vorbildung, der geistigen Verfassung und der persönlichen Einstellung des einzelnen Studierenden abhängen. Ein Gleiches gilt für die Frage, ob an den Anfang des Studiums die Vorlesungen über öffentliches Recht und Strafrecht, über Volkswirtschaftslehre und Finanzwissenschaft oder solche über die Disziplinen des Zivilrechts zu stellen sind. Der Studierende muß hier selbst die Entscheidung finden, durch welche Vorlesungen er sein Studium zu der gegebenen Zeit am besten glaubt fördern zu können. Selbstverständlich wird er hierbei Ratschläge, die ihm von erfahrenen Dritten zugehen, nicht gering schätzen dürfen. Entscheidend für die Frage, in welcher Reihenfolge der Studierende die einzelnen Rechtsmaterien in Angriff nehmen will, sollte aber immer sein einmal die Eigenart des Studierenden und seine Einstellung zu den jeweilig gegebenen Verhältnissen und sodann namentlich auch die Persönlichkeit des Rechtslehrers, den zu hören er jeweils in der Lage ist. Denn je enger das geistige Band ist, das den Hörer mit dem Vortragenden verbindet, um so eindrucksvoller und nachhaltiger wird das gesprochene Wort auf den Hörer wirken. Nun ist gewißlich nicht zu verkennen, daß die dem Studierenden bei der Aufstellung seines Studienplanes einzuräumende Freiheit ihn der Gefahr von Mißgriffen aussetzt, die seinen Studiengang ungünstig beeinflussen können. Auch läuft ein Rechtsbeflissener, der sein Studium so wenig methodisch einrichtet, daß es als ein ordnungsmäßiges Rechtsstudium nicht angesehen werden kann, Gefahr, demnächst von der Prüfung zurückgewiesen zu werden. Auf der anderen Seite kann aber nicht verkannt werden, daß gerade durch die hier gewährte Freiheit in dem Studierenden Verantwortungsbewußtsein und Verantwortungsfreude wachgerufen wird.

Ist hiernach den Rechtsbeflissenen in der Aufstellung ihres Studienplanes möglichste Freiheit zu belassen, so mögen doch ganz im allgemeinen einige Sätze aufgestellt werden, die an sich vielleicht selbstverständlich erscheinen, deren Hervorhebung gleichwohl dem Studierenden von Wert sein kann: Sog. Einführungsvorlesungen sind regelmäßig an den Anfang des Studiums zu stellen. Keine Vorlesung und keine Übung soll angenommen werden, solange nicht die zu ihrem Verständnis erforderlichen Vorkenntnisse erworben sind. So setzen die Vorlesungen und Übungen über Römisches Recht hinreichende Kenntnisse der lateinischen Sprache voraus. Von den Vorlesungen über das Bürgerliche Gesetzbuch soll zunächst die Vorlesung über den Allgemeinen Teil, die Vorlesung über Sachenrecht, Familienrecht und Erbrecht erst nach der Vorlesung über die Schuldverhältnisse, und sofern die Vorlesung über das Recht der Schuldverhältnisse in zwei Teilen gelesen wird, zuerst die Vorlesung über den Allgemeinen Teil der Schuldverhältnisse gehört werden. Auch soweit Strafrecht und Zivilprozeßrecht — was meistens der Fall ist — in zwei Teilen — Allgemeiner und Besonderer Teil bzw. I. und II. Teil — vorgetragen werden, empfiehlt es sich, die Vorlesung über den Allgemeinen Teil bzw. den I. Teil vor der über den Besonderen Teil bzw. II. Teil zu hören. An einer Übung für Vorgerückte soll erst teilgenommen werden, nachdem in einer für dasselbe Fach veranstalteten Anfängerübung die Kräfte erprobt sind. Vorlesungen über Prozeßrecht werden zweckmäßigerweise an den Schluß des Studiums gestellt.

Über diese allgemeinen Winke hinaus hinsichtlich der Reihenfolge der in den einzelnen Semestern zu hörenden Vorlesungen auch nur Empfehlungen zu geben, erscheint schon deshalb nicht angängig, weil die Lehrpläne der einzelnen Universitäten zu sehr voneinander abweichen, zudem an einzelnen Universitäten, insbesondere den kleineren, einzelne Materien nicht jedes Semester gelesen werden. Übrigens stellen die juristischen Fakultäten gewöhnlich ihrerseits Studienpläne auf, die den Verhältnissen der betreffenden Fakultät am besten entsprechen, jedoch für Studierende, die mehrere Universitäten zu besuchen wünschen, nur bedingten Wert haben.

4. Vorlesungen, Übungen, Seminare.

Das Rechtstudium besteht in dem Hören von Vorlesungen, in der Teilnahme an Übungen und gegebenenfalls auch in der Betätigung im juristischen Seminar.

In den Vorlesungen wird den Rechtsbeflissenen der Rechtsstoff im Zusammenhang vorgetragen und erläutert. Mit dem Hören der Vorlesungen dürfen die Studierenden sich jedoch nicht zufriedengeben, sondern sie haben das Gehörte hernach, sei es an der Hand des niedergeschriebenen Inhalts der Vorlesung, sei es unter Benutzung von Lehrbüchern, in ernstem häuslichem Studium sich zu eigen zu machen.

In den Übungen werden mit den Studierenden Rechtsfälle besprochen; auch wird ihnen die häusliche Bearbeitung und selbständige Lösung einfacher Rechtsfälle aufgegeben. Diese häuslichen Arbeiten, durch die die Rechtsbeflissenen in der Behandlung juristischer Probleme geübt werden sollen, sind für die Ausbildung des jungen Juristen von besonderem Wert. In den Übungen wird vielfach auch Gelegenheit zur Anfertigung von Klausurarbeiten gegeben, die den Studierenden zur Vorbereitung auf die bei den Prüfungen zu schreibenden Klausurarbeiten daran gewöhnen sollen, in bestimmter, kurz bemessener Frist und lediglich an Hand beschränkter literarischer Hilfsmittel einen einfachen Rechtsfall zu bearbeiten. Die den Rechtsbeflissenen zu ihren schriftlichen Arbeiten von den Dozenten erteilten Zensuren geben ihnen einen Anhalt zur Beurteilung ihrer Fähigkeiten und Fortschritte. Ein Zeugnis über die erfolgreiche Teilnahme an einer Übung wird von dem Dozenten zumeist erst dann erteilt, wenn eine bestimmte Mindestzahl der von dem Studierenden abgelieferten Arbeiten als ausreichend befunden worden ist. Leider läßt der Eifer der Studierenden in den Übungen zumeist nach, sobald sie die für die Erlangung eines solchen Zeugnisses vorgeschriebene Mindestzahl als genügend bezeichneter Arbeiten geschrieben haben. Wegen des großen Ausbildungswertes der Übungen ist den jungen Juristen jedoch dringend zu raten, daß sie nicht nur an möglichst vielen Übungen, sondern in den einzelnen Übungen auch an der Lösung aller von dem Dozenten gestellten Aufgaben tätig mitwirken. Im allgemeinen wird schon im zweiten Semester an Anfängerübungen mit Nutzen teilgenommen werden können.

Die Übungen sind auch deshalb von Bedeutung, weil die Meldung zur ersten juristischen Prüfung erst zulässig ist, wenn der Rechtsbeflissene an mindestens fünf solcher Übungen mit Erfolg teilgenommen hat. Eine der Übungen muß das Staats- oder Verwaltungsrecht betreffen; hinsichtlich des Gegenstandes der übrigen Übungen bestehen keine Vorschriften, es werden hier vor allem Übungen über das Bürgerliche Recht und sodann auch solche über Handels-, Straf-, Zivilprozeß- und Arbeitsrecht in Betracht kommen.

Für diejenigen Studierenden, die den Versuch einer ernsteren wissenschaftlichen Betätigung nicht scheuen, ist zu solcher Arbeit im Seminar Gelegenheit geboten. Hier werden wissenschaftliche Probleme eingehend erörtert, von den Teilnehmern Referate über ein ihnen aufgegebenes Thema angefertigt, auch in freier Rede über die Themen Vortrag gehalten. Im Wesen des Seminars liegt es, daß die hier Zugelassenen zu einer aktiven Betätigung nach dem von dem Dozenten aufgestellten Plane verpflichtet sind. Da auch aus diesem Grunde die Teilnehmer an einem Seminar eine bestimmte Zahl nicht überschreiten dürfen, ist für Studierende, die sich an einem solchen Seminar beteiligen wollen, zeitige Anmeldung ratsam.

5. Anschauungsunterricht.

Es ist vielfach Klage darüber geführt worden, daß das Verständnis für die theoretischen Vorlesungen den Rechtsstudierenden dadurch erschwert werde, daß ihnen häufig die Vorstellung fehle, in welcher Weise sich die Handhabung des Rechts vollziehe und in welchen Formen die in den Vorlesungen besprochenen Rechtseinrichtungen in der Praxis in Erscheinung treten. Um dem abzuhelfen und den Studierenden ein zunächst allerdings oberflächliches Bild von der gerichtlichen Tätigkeit zu geben, ist von der Justizverwaltung die Einrichtung getroffen, daß den Rechtsbeflissenen auf ihren Wunsch an Gerichtsstelle ein kurzer allgemeiner Einblick in die Tätigkeit der Gerichtsbehörden sowie in die Art und den Gang der gerichtlichen Geschäfte gegeben, ihnen auch gestattet wird, einigen Terminen in Zivil-, Straf- und Vormundschaftssachen als Zuhörer beizuwohnen und daß ihnen dabei entsprechende Belehrung gegeben wird. Rechtsbeflissene, die eine solche praktische Unterweisung wünschen, mögen sich an den Landgerichtspräsidenten des Bezirkes wenden, in dem sie die Unterweisung erstreben. Dieser Anschauungsunterricht wird am zweckmäßigsten an einem kleineren Amtsgericht erteilt. Die gegebene Zeit dazu ist die Zeit nach der Abschlußprüfung und vor dem Beziehen der Universität oder auch in der Ferienzeit zwischen zwei Semestern (Allg. Verfügung des JM. vom 15. 7. 1919).

Vielfach veranstalten auch Dozenten für die Hörer ihrer Vorlesungen bzw. Übungen gemeinschaftliche Besuche von Gerichtssitzungen, Gefängnissen u. dgl., oder sie führen in ihren Vorlesungen oder Übungen den Studierenden das Bild einer zivil- oder strafgerichtlichen Sitzung vor, indem sie durch die Studierenden selbst die einzelnen Parteirollen durchführen lassen. Übungen der letzteren Art haben, wenn sie auch nicht immer der Wirklichkeit entsprechen mögen, doch für den Ausbildungszweck den Vorzug, daß bei ihnen das Veranschaulichte dem jeweiligen Wissensstande der Studierenden am besten angepaßt werden kann und die Studierenden auf die zu vermeidenden Fehler nachhaltig hingewiesen werden können.

We ter kann für den Rechtsbeflissenen auch die vorübergehende Beschäftigung auf dem Bureau eines Rechtsanwalts und Notars, insbesondere das aufmerksame Lesen von Schriftsätzen — Klagen, Klagebeantwortungen, Repliken usw. — sowie von Verträgen, Testamenten, Teilungsurkunden usw. ein recht geeignetes Mittel sein, sich die praktische Auswirkung der Rechtssätze zu veranschaulichen.

Nicht wenige Studierende haben, zumal in den wirtschaftlichen Nöten der Inflationszeit, auch dadurch, daß sie sich neben ihrem Studium im Wirtschaftsleben beruflich betätigten, manches lernen können, was ihnen bei ihrem Rechtsstudium die Erkenntnis für die praktische Bedeutung der verschiedenen Rechtsinstitute erleichterte. Indes macht ein solches Werkstudententum die Studierenden zumeist doch nur mit einem engbegrenzten Teil der Wirtschaft bekannt, und es entzieht ihnen zu sehr die für ihr Studium erforderliche Zeit und Frische. Es ist daher zu wünschen, daß, nachdem die wirtschaftlichen Verhältnisse wieder einigermaßen normale geworden sind, eine solche vom Studium allzusehr ablenkende Doppelbeschäftigung jetzt immer mehr vermieden werden kann.

6. Charakterbildung. Körperliche Ertüchtigung.

Ebenso wichtig, ja noch wichtiger als tiefgründiges Wissen und umfassende Kenntnisse, muß für den Rechtsbeflissenen Charakter- und Herzensbildung sein. Dieses Ziel der Ausbildung ist in den letzten Jahrzehnten in Deutschland leider nur wenig gewürdigt worden. Mußte doch ein bewährter Schulmann am Ende seiner Laufbahn mit herber Kritik gegen sein eigenes Lebenswerk bekennen: Intelligenzen liegen bei uns auf der Straße, aber Charaktere haben wir nicht. Dieses harte Urteil möchte man für gerechtfertigt halten, wenn man beobachten muß, daß nicht wenige Rechtsjünger schon in der Prüfung der Versuchung zur Anwendung unlauterer Mittel nicht widerstehen können. Und doch sollten gerade die Rechtsbeflissenen, die berufen sind, dereinst als Richter, Staats- oder Rechtsanwälte oder als Verwaltungsbeamte die Geschicke der Volksgemeinschaft wie des einzelnen entscheidend zu beeinflussen, von vornherein in ernster Arbeit bestrebt sein, *aufrechte Charaktere* im Dienste des Rechts zu werden. Das Streben nach solcher Charakterbefestigung muß wiederum ihr Studium günstig befruchten, indem es ihnen das Gewissen schärft, die kurze Studienzeit mit Fleiß und Ernst zu benutzen. Wer aber mit dieser innerlichen Einstellung sein Studium betrieben hat, der wird es ablehnen und auch nicht nötig haben, bei der Prüfung in unerlaubter Weise fremde Hilfe in Anspruch zu nehmen.

Die Rechtsbeflissenen müssen frühzeitig auch lernen, *sozial* zu denken und zwischen den vielfach sich widersprechenden Interessen der verschiedenen Volksklassen einen billigen Ausgleich zu suchen. Zu diesem Zweck müssen sie schon während der Studienzeit bestrebt sein, Verständnis zu erlangen für die sozialen Nöte und wirtschaftlichen Sorgen unserer Zeit, über die sie in den Tageszeitungen und juristischen Fachblättern reichlich Aufschluß finden. Jedoch sollen sie sich hüten, kritiklos billigen Schlagworten zu folgen und sich vorzeitig auf eine bestimmte politische oder soziale Richtung festlegen zu lassen; vielmehr haben sie sich daran zu gewöhnen, bei Prüfung einer Lehre auch die Gründe der Gegner auf sich einwirken zu lassen und vor allem zu lernen, denen, die in wissenschaftlicher, religiöser oder sozialer Richtung eine abweichende Meinung vertreten, stets mit Achtung zu begegnen. Strenge Sachlichkeit ist nicht nur ein Zeichen von Charakter- und Herzensbildung, sondern auch Voraussetzung jeder Wissenschaftlichkeit.

Überflüssig zu sagen ist, daß die Studierenden über dem Studium die Sorge für die *körperliche Ertüchtigung* nicht vergessen dürfen. Fast überall wird den Studierenden innerhalb und außerhalb des Universitätsbetriebes reichlich Gelegenheit zu sportlicher Betätigung geboten. Jedoch soll der Sport von dem Studierenden nicht als Selbstzweck gepflegt werden, sondern nur als Mittel zum Zweck, nämlich zur Kräftigung und Stählung des Körpers, damit dieser den nicht geringen Strapazen des Studiums gewachsen bleibt.

7. Repetitorien.

Es ist immer mehr üblich geworden, daß die Rechtsbeflissenen in den letzten Semestern und namentlich nach Abschluß ihrer Studien bis zur Meldung zur Prüfung sich von außerhalb des akademischen Lehrkörpers stehenden sog. Repetitoren den gesamten Lehrstoff oder einzelne Teile in Kürze und unter Hervorhebung der wichtigsten Bestimmungen nochmals vortragen lassen und in besonderen, von den Repetitoren geleiteten Konversatorien sich daran zu gewöhnen suchen, auf die aus einem Rechtsfall sich ergebenden Fragen schnell die passenden Antworten zu finden. Über den Wert oder Unwert solcher Repetitorien gehen die Meinungen auseinander. Unbedingt zu mißbilligen ist jedenfalls, wenn den Rechtsbeflissenen vorgespiegelt wird, daß sie ohne ein ernstes voraufgegangenes Studium sich allein mit Hilfe solcher Repetitorien die genügenden Kenntnisse für die Prüfung verschaffen könnten. Denn in der Prüfung wird vor allem verlangt, daß die Kandidaten genügendes Verständnis für wissenschaftliche Probleme dartun, und im Verlaufe der Prüfung zeigt sich sehr bald, welches Wissen auf wirklichem Verständnis, wie es nur ein gründliches Studium zu vermitteln vermag, und welches Wissen auf einer notwendigerweise an der Oberfläche bleibenden Einpaukerei beruht. Dagegen ist anzuerkennen, daß dem Durchschnittsbegabten, auch wenn er mit Fleiß und Eifer sein Studium betrieben hat, die spätere Teilnahme an Repetitorübungen eine gute Hilfe für die Prüfung sein kann, vorausgesetzt allerdings, daß die Übungen sich einigermaßen auf wissenschaftlicher Höhe halten. Der Nutzen solcher Repetitorien wird auch von den juristischen Fakultäten nicht verkannt; lassen diese doch vielfach auch ihrerseits während der Universitätsferien durch jüngere Dozenten und Fakultätsassistenten Wiederholungskurse abhalten.

Ist sonach der Wert eines gutgeleiteten Repetitoriums für die Ausbildung der Juristen anzuerkennen, so muß doch andererseits die vielverbreitete Ansicht als irrig bezeichnet werden, daß die Teilnahme an Repetitorien zu einer sachgemäßen Vorbereitung auf die Prüfung schlechterdings nicht zu entbehren sei. Derselbe Erfolg wie durch Teilnahme an Repetitorien läßt sich vielmehr zumeist auch dadurch erreichen, daß der Studierende, nachdem er den gehörten Rechtsstoff selbständig überarbeitet hat, sich mit einem oder zwei gleichaltrigen Studiengenossen zu planmäßigen Diskussionen über das Erlernte zusammenschließt. Tatsächlich befinden sich unter den Prüflingen nicht wenige, denen die Routine, die sich als gewöhnliche Frucht der Repetitorien in den Prüfungen alsbald zeigt, sichtlich abgeht, die aber für die in der Prüfung aufgeworfenen juristischen Probleme volles Verständnis zeigen und daher in der Prüfung vollen Erfolg haben, da sie bei den Prüfern keinen Zweifel darüber lassen, daß sie die zur Aufnahme in die Praxis erforderliche Reife haben. Nicht selten wird von dem Prüfling bei der Meldung zur Prüfung auch mit einem gewissen Stolz versichert, daß er an keinerlei Repetitorien teilgenommen habe. Hiernach kann wohl gesagt werden, daß ein Rechtsbeflissener, der mit Fleiß und Gewissenhaftigkeit seinen Studien obgelegen und die ihm von der Universität gebotenen Ausbildungsmöglichkeiten ausreichend benutzt hat, auch ohne Teilnahme an Repetitorien die Vorbereitung auf die Prüfung mit guter Aussicht auf ihren erfolgreichen Abschluß betreiben kann.

B. Die Referendarprüfung.

I. Meldung zur Prüfung.

1. Prüfungsämter und ihre Zuständigkeit.

Während zur Erlangung der juristischen Doktorwürde eine Prüfung vor der juristischen Fakultät und nach dem von dieser aufgestellten Prüfungsplane, also eine rein akademische Prüfung, abzulegen ist, wird die erste juristische Prüfung — Referendarprüfung —, deren Bestehen Voraussetzung für den Eintritt in den staatlichen juristischen Vorbereitungsdienst ist, in Preußen von einem außerhalb der Universität eingerichteten juristischen Prüfungsamte abgenommen. Solche juristischen Prüfungsämter bestehen beim Kammergericht sowie bei den Oberlandesgerichten in Breslau, Kassel, Celle, Frankfurt a. M., Hamm, Kiel, Köln, Königsberg i. Pr., Naumburg a. d. S. und Stettin (§ 1 AusbildungsO.). Jedes Prüfungsamt umfaßt den Bezirk des Oberlandesgerichts, bei dem es eingerichtet ist; außerdem sind zugewiesen der Bezirk des Oberlandesgerichts in Marienwerder dem Prüfungsamt in Königsberg i. Pr. sowie der Bezirk des Oberlandesgerichts in Düsseldorf den Prüfungsämtern in Köln und in Hamm.

Der Regierungsbezirk Sigmaringen gehört zum Oberlandesgericht Frankfurt a. M.; der Kreis Schmalkalden ist dem Bezirk des Oberlandesgerichts in Kassel, die Kreise Schleusingen und Ziegenrück sind dem Oberlandesgericht in Naumburg zugewiesen.

Zu Mitgliedern der juristischen Prüfungsämter werden Universitätslehrer des Rechtes und der Wirtschaftswissenschaften, Richter, Staatsanwälte und Rechtsanwälte sowie andere unmittelbare oder mittelbare Staatsbeamte, die auf Grund eines Rechtsstudiums und der vorgeschriebenen Prüfungen die Befähigung zum Richteramte oder zum höheren Verwaltungsdienst erlangt haben, berufen. **Zu Vorsitzenden und stellvertretenden Vorsitzenden der Prüfungsämter werden Richter, regelmäßig Präsidenten, bestellt** (§ 2 AusbildungsO.).

Für die einzelne Prüfung werden beim Prüfungsamt durch dessen Vorsitzenden Prüfungsausschüsse gebildet (§ 16 AusbildungsO.).

Die Prüfung ist — nach Wahl des Prüflings — abzulegen entweder

a) bei dem Prüfungsamt, in dessen Bezirk seine Ernennung zum Referendar in Aussicht genommen ist, oder

b) bei dem Prüfungsamt, in dessen Bezirk die Universität belegen ist, an der er das letzte und mindestens ein früheres Studienhalbjahr zugebracht hat.

Eine Zuständigkeit gemäß der Bestimmung unter b kann der Prüfling durch die Wahl der Universitäten, die er besucht, also selbst schaffen; allerdings kann der Vorsitzende des Prüfungsamtes das Gesuch wegen Überlastung dieses Prüfungsamtes zurückweisen. Die Zuständigkeit zu a hängt dagegen davon ab, ob der Präsident des betreffenden Oberlandesgerichtsbezirks in Aussicht nimmt, daß er den Rechtskandidaten für den Fall des Bestehens der Prüfung in diesem Oberlandesgerichtsbezirke zum Referendar ernennen werde. Letzteres geschieht für gewöhnlich nur dann, wenn der Rechtskandidat dem Bezirk durch Abstammung oder längeren Wohnsitz angehört.

Ist eine Prüfung nicht bestanden, so ist für die zu wiederholende Prüfung allein das Prüfungsamt zuständig, vor dem die erstmalige Prüfung stattgefunden hat (§ 21 AusbildungsO.); jedoch kann der Justizminister auch ein anderes Prüfungsamt mit der Abnahme der Prüfung beauftragen.

2. Zulassung von Ausländern und Nichtpreußen.

Zur Prüfung werden grundsätzlich nur deutsche Reichsangehörige zugelassen. Bei Nichtdeutschen, auch Deutsch-Österreichern, sowie solchen Rechtskandidaten, die infolge des Versailler Friedensvertrages die deutsche Reichsangehörigkeit verloren haben, ist die Zulassung von der Genehmigung des Justizministers abhängig (Rundverf. des JM. vom 26. 8. 1913, 5. 7. 1920 und 21. 12. 1921). Soweit es sich um Angehörige der Freien Stadt Danzig handelt, ist diese Genehmigung allgemein erteilt worden (Rundverf. des JM. vom 5. 7. 1920).

Gemäß einer allgemeinen Verfügung des JM. vom 1. 5. 1921 sind zur Ablegung der ersten juristischen Prüfung in Preußen Danziger Staatsangehörige auf Ersuchen der Justizverwaltung der freien Stadt Danzig ohne weiteres zuzulassen. Die Ablegung der Prüfung kann nach Wahl der Kandidaten vor einem der Prüfungsämter in Königsberg, Breslau, Berlin, Celle, Kiel, Naumburg oder Stettin erfolgen. Zu Gerichtsreferendaren werden sie in Preußen jedoch nicht ernannt.

In Preußen wird nicht erfordert, daß der Prüfling, eine deutsche Staatsangehörigkeit vorausgesetzt, auch die preußische Staatsangehörigkeit besitzt, vielmehr werden auch Angehörige anderer deutscher Länder zur ersten juristischen Prüfung zugelassen; ihre Aufnahme in den Vorbereitungsdienst nach bestandener Prüfung kann jedoch nur mit Genehmigung des Justizministers erfolgen.

Mit einzelnen deutschen Ländern, so mit Anhalt und Schaumburg-Lippe, bestehen besondere Verträge, auf Grund deren Preußen verpflichtet ist, den Angehörigen des anderen Landes die Ablegung der juristischen Prüfungen und die Ableistung des Vorbereitungsdienstes bei den preußischen Behörden zu gestatten (Vertrag mit Anhalt vom 9. 10. 1878 und mit Schaumburg-Lippe vom 24/25. 2. 1918).

Nach Verträgen, die mit Hamburg, Bremen, Lübeck und Oldenburg geschlossen sind, haben die Preußischen Prüfungsämter sich auch der ersten juristischen Prüfung der Rechtskandidaten aus diesen Ländern zu unterziehen, sofern dies unter Vorlegung eines Zulassungsbescheides der heimatlichen Justizverwaltung bzw. bei Oldenburgern des Oberlandesgerichtspräsidenten in Oldenburg beantragt wird. Die Rechtskandidaten aus diesen Ländern haben also, sofern sie in Preußen geprüft zu werden wünschen, die Zulassung zur Prüfung zunächst bei der Justizverwaltung ihres Landes bzw. bei dem Oberlandesgerichtspräsidenten in Oldenburg nachzusuchen (Rundverf. des JM. vom 24. 4. 1879 bzw. 15. 12. 1923).

Dem bei dem Oberlandesgericht in Celle bestehenden Prüfungsamte liegt auch die Prüfung der von dem Lippischen Landespräsidium in Detmold überwiesenen Rechtskandidaten ob (Verf. des JM. vom 21. 9. 1896).

3. Zulassung von Frauen.

Nachdem durch das Reichsgesetz vom 11. 7. 1922 auch den Frauen der Erwerb der Fähigkeit zum Richteramte zuerkannt ist, kann von einer unterschiedlichen Stellung der Frauen wie hinsichtlich der Zulassung zum Rechtsstudium so auch hinsichtlich der Zulassung zu den juristischen Prüfungen keine Rede mehr sein. Der Prozentsatz, der von Prüfungsgesuchen auf Frauen entfällt, ist jedoch ein geringer und wird auch wohl ein geringer bleiben, da der juristische Beruf zu einer Betätigung, die sich auch für Frauen eignet, nur in engen Grenzen Gelegenheit bietet.

4. Das Zulassungsgesuch.

Das Gesuch um Zulassung zur Prüfung ist an eines der oben zu B I, 1 genannten Prüfungsämter zu richten. Ergibt sich nicht aus den beizufügenden Universitätsausweisen, daß das angegangene Prüfungsamt aus dem oben B I, 1 unter b) angegebenen Grunde zuständig ist, so empfiehlt es sich, die Umstände darzulegen, die der Kandidat für seine Aufnahme in den Vorbereitungsdienst gerade in dem Bezirk des angegangenen Prüfungsamtes vorzubringen hat, da nur, wenn die Aussicht besteht, daß er in diesem Bezirke zum Referendar ernannt wird, eine Zuständigkeit des angegangenen Prüfungsamtes gegeben ist (vgl. oben B I, 1 zu a). Geht der Bezirk des Prüfungsamtes über den Oberlandesgerichtsbezirk hinaus, so hat der Prüfling in dem Zulassungsgesuche in jedem Falle den Bezirk zu bezeichnen, in welchem er seine Ernennung zum Referendar zu beantragen beabsichtigt (§ 6 AusbildungsO.).

In dem Zulassungsgesuche hat der Kandidat weiter die Versicherung abzugeben, daß er die Zulassung zur Prüfung noch bei keinem anderen Prüfungsamte (Prüfungskommission) in Preußen oder in einem anderen Lande nachgesucht hat, oder aber anzugeben, wo und wann dies geschehen ist (§ 5 AusbildungsO.). Ein Kandidat, dem die Zulassung zur ersten juristischen Prüfung in einem anderen deutschen Lande versagt worden ist, darf in Preußen zu dieser Prüfung nur mit Genehmigung des Justizministers zugelassen werden (Rundverf. des JM. vom 26. 8. 1913). Das Mißlingen einer in einem anderen deutschen Lande abgelegten Prüfung wird dem Mißlingen einer in Preußen unternommenen Prüfung gleichgeachtet (Rundverf. des JM. vom 26. 8. 1913). In solchem Falle ist also die Prüfung vor dem preußischen Prüfungsamte als Wiederholungsprüfung mit der unten B II, 6 bezeichneten Folge anzusehen.

In dem Zulassungsgesuche kann der Kandidat ferner hinsichtlich des Rechtsgebietes, aus dem die Aufgabe für die häusliche Arbeit entnommen werden soll, Wünsche äußern (§ 5 AusbildungsO.). Einem solchen Wunsche wird nach Möglichkeit Rechnung getragen. Weiter kann der Kandidat auch das Rechtsgebiet bezeichnen, dem er etwa besonders eingehende Studien gewidmet hat; er hat in diesem Falle den Gang dieser Studien im einzelnen darzulegen und die in Übungen angefertigten oder sonstigen Arbeiten und andere Belege beizufügen (§ 5 AusbildungsO.). Hat der Prüfling ein solches Sondergebiet bezeichnet, so soll ihm in der mündlichen Prüfung nach Möglichkeit Gelegenheit gegeben werden, sich auf diesem Gebiete, sofern nicht schon die häusliche Arbeit aus ihm entnommen ist, über sein Wissen und Können auszuweisen (§ 15 AusbildungsO.).

Die Meldung zur Prüfung ist in Preußen nicht an bestimmte Termine gebunden; vielmehr kann jederzeit in die Prüfung eingetreten werden. Demgemäß kann auch das Prüfungsgesuch zu jeder Zeit eingereicht werden.

5. Dem Gesuche beizufügende Nachweise.

Dem Zulassungsgesuche ist beizufügen (§ 5 AusbildungsO.).

a) **Das Reifezeugnis einer deutschen höheren Lehranstalt.** Zwischen den Landesregierungen sind über die gegenseitige Anerkennung der Reifezeugnisse besondere Vereinbarungen getroffen (Bek. des Reichsministers des Innern vom 19. 12. 1922).

Diese Grundsätze gelten auch für die gegenseitige Anerkennung der Reifezeugnisse der Aufbauschulen, die als verkürzte Form der zur Hochschulreife führenden höheren Lehranstalten für entsprechend begabte Schüler versuchsweise zugelassen sind.

Bei der Meldung zur Prüfung ist hiernach regelmäßig vorzulegen entweder das Reifezeugnis eines deutschen humanistischen Gymnasiums, das nach wie vor als die geeignetste Anstalt zur Vorbildung für den juristischen Beruf angesehen wird, oder das Reifezeugnis eines deutschen Realgymnasiums, oder das Reifezeugnis einer preußischen Oberrealschule; das Reifezeugnis der Oberrealschule eines anderen deutschen Landes genügt nur dann, wenn auch in dem betreffenden anderen Lande auf Grund eines solchen Zeugnisses die Zulassung zur ersten juristischen Prüfung möglich wäre. Ein Kandidat, der das Reifezeugnis an einer nicht reichsdeutschen höheren Lehranstalt erlangt hat, kann zur Prüfung nur mit Genehmigung des Justizministers zugelassen werden. Dies gilt auch beim Vorliegen eines Reifezeugnisses, das von einer deutsch-österreichischen höheren Lehranstalt oder von einer hier und da im Auslande bestehenden deutschen, aber nicht einer deutschen Unterrichtsverwaltung unterstellten Lehranstalt ausgestellt ist. Ein Studierender, der auf Grund eines solchen Reifezeugnisses von der Universität zum Rechtsstudium zugelassen worden ist, kann daher nicht mit Sicherheit darauf rechnen, daß das Zeugnis auch für die erste juristische Prüfung als ausreichend angesehen wird. Beabsichtigt er, sich dieser Prüfung zu unterziehen, so tut er deshalb gut, sich rechtzeitig um die Genehmigung des Justizministers zu bemühen, daß er auf Grund jenes Reifezeugnisses demnächst zur Prüfung zuzulassen sei.

In gleicher Weise bedarf der besonderen Genehmigung des Justizministers die Zulassung zur Prüfung bei solchen Rechtskandidaten, die zum Universitätsstudium ohne Reifezeugnis auf Grund einer besonderen Begabten-Prüfung zugelassen worden sind.

b) **Universitätsnachweise.** Dem Zulassungsgesuche sind weiter beizufügen die Ausweise der Universitätsbehörden, aus denen der Gang des vorgeschriebenen Studiums der Rechtswissenschaft ersichtlich ist. Die Ausweise müssen dartun, daß nach Erlangung des Reifezeugnisses der Kandidat mindestens drei Jahre lang an einer Universität Rechtswissenschaft studiert hat und daß er von diesem dreijährigen Zeitraum mindestens drei Halbjahre dem Rechtsstudium auf einer deutschen Universität gewidmet hat (vgl. oben A 1). Da gesetzlich ein dreijähriges Rechtsstudium verlangt wird, ist die Anrechnung nicht voll zurückgelegter Semester nicht zulässig. Ob ein mit geringfügiger Verspätung begonnenes Semester noch als ordnungsmäßig erledigtes angesehen werden kann, unterliegt der Entscheidung des Vorsitzenden des Prüfungsamtes; gegen seine Entscheidung ist Beschwerde an den Justizminister zulässig (§ 23 AusbildungsO). Dieser hat in einem Einzelfalle ausgesprochen, daß ein erst im Dezember begonnenes Semester als ordnungsmäßiges Semester jedenfalls nicht gelten könne, da der Rechtsbeflissene nicht in der Lage gewesen sei, geschlossene vollständige Vorlesungen zu hören (Rundverf. des JM. vom 30. 7. 1920).

Über die Anrechnung von Semestern, während welcher ein Studierender auf einer Universität dem Rechtsstudium obgelegen hat, aber bei der juristischen Fakultät nicht eingeschrieben gewesen ist, vgl. oben A1.

Ein ordnungsmäßiges Rechtsstudium setzt weiter voraus, daß über alle wichtigen Rechtsmaterien — vgl. oben A 2 — Vorlesungen angenommen worden sind. Auch muß die Verteilung auf die einzelnen Semester ergeben, daß der Studierende während der drei Jahre das Rechtsstudium nach einem verständigen Plane betrieben hat. Ein Studium, bei dem der Kandidat in den ersten Semestern nur ganz wenige Vorlesungen, in den letzten Semestern dagegen Vorlesungen in einer Anzahl belegt hat, daß er sie normalerweise geistig oder wegen ihres zeitlichen Zusammenfallens auch physisch sämtlich gar nicht hören konnte, kann jedenfalls nicht als ordnungsmäßig bezeichnet werden.

Die Prüfung soll sich an das Rechtsstudium zeitlich anschließen. Meldet sich ein Kandidat zur Prüfung erst nach längerer Zeit, vielleicht erst mehrere Jahre nach Abschluß des Rechtsstudiums, so besteht keine genügende Gewähr, daß er zur Ablegung der Prüfung noch hinreichend vorbereitet ist.

In solchem Falle hat der Kandidat gegebenenfalls darzutun, daß er durch ein weiteres Studium sich erneut auf die Prüfung vorbereitet habe (vgl. Rundverf. des JM. vom 5. 11. 1897).

Zur Führung des Nachweises über das vorgeschriebene Rechtsstudium genügt die Vorlegung der Immatrikulationsurkunden und Vorlesungsbücher sowie der Exmatrikulationsurkunden der *früher* besuchten Universitäten. *Nicht* erforderlich ist dagegen, daß der Studierende sich auch bereits auf der *zuletzt* besuchten Universität exmatrikulieren läßt. Das vorläufige Unterlassen dieser Exmatrikulation hat für ihn den Vorteil, daß er die akademischen Berechtigungen und wirtschaftlichen Vergünstigungen, die ihm als immatrikulierter Student zustehen, auch für die Zeit des Prüfungsverfahrens genießt, daß ihm insbesondere für diese Zeit die Benutzung der Universitätsbibliothek möglich bleibt, was für ihn bei Anfertigung der häuslichen Prüfungsarbeit von großem Wert sein kann, und daß ihm, wenn er die Prüfung nicht besteht und er das Studium fortsetzen will, eine Immatrikulation erspart bleibt.

c) Übungsscheine. Mit dem Zulassungsgesuche sind ferner vorzulegen die Zeugnisse über die Teilnahme an mindestens fünf mit schriftlichen Arbeiten verbundenen rechtswissenschaftlichen Übungen. Eine der Übungen muß das Staats- oder Verwaltungsrecht zum Gegenstande haben. Eine wirtschaftswissenschaftliche, mit schriftlichen Arbeiten verbundene Übung ist auf die rechtswissenschaftlichen Übungen anzurechnen. Als Übungszeugnisse im Sinne dieser Bestimmung können nur solche angesehen werden, in denen sich auch eine Zensur über *häusliche* Arbeiten des Kandidaten befindet. Denn bei diesen häuslichen Arbeiten, die unter Gewährung einer ausgiebigen Frist den Studierenden aufgegeben werden und bei denen eine eingehende Berücksichtigung der ihnen in den Bibliotheken zur Verfügung stehenden Literatur verlangt werden kann, werden die Studierenden zur *wissenschaftlichen* Bearbeitung von Rechtsproblemen angehalten; gerade aus der Zensur über solche Arbeiten läßt sich daher erkennen, ob und mit welchem Erfolge von diesem Ausbildungsmittel Gebrauch gemacht worden ist (vgl. Rundverf. des JM. vom 15. 6. 1925).

d) Lebenslauf. Der Meldung zur Prüfung ist endlich beizulegen ein *Lebenslauf*, in welchem der Kandidat den Gang seines Studiums im allgemeinen darzulegen hat. Dieser Lebenslauf soll nicht weitschweifig sein. Überflüssig ist, in ihm anzugeben, was sich ohne weiteres aus den sonstigen dem Zulassungsgesuch beizufügenden unter a bis c bezeichneten Nachweisen ergibt, so insbesondere, welche Universitäten besucht, welche

Vorlesungen belegt worden sind u. dgl. Dagegen soll der Lebenslauf nicht farblos gehalten sein. Vielmehr ist alles das hervorzuheben, was für die Beurteilung der Gesamtpersönlichkeit des Kandidaten von Bedeutung erscheint. Mitzuteilen ist namentlich, welche besonderen Förderungen der Kandidat in seinem Studium erfahren und welche besonderen Hemmungen er zu überwinden hatte, auf welchen Gebieten — auch außerjuristischen — etwa besondere Neigungen hervorgetreten sind, in welcher Weise der Kandidat sich auf diesen Gebieten etwa bereits betätigt hat, welche Prüfungen er nach der Reifeprüfung etwa abgelegt hat, ob und in welcher Weise er bereits beruflich tätig gewesen ist u. dgl. m. Der Lebenslauf hat endlich auch Aufschluß über die Staatsangehörigkeit des Kandidaten zu geben, sofern diese nicht aus den sonstigen Angaben ohne weiteres zu erkennen ist.

Neben den zu a bis d bezeichneten obligatorischen Nachweisen kann der Prüfling dem Zulassungsgesuch noch beilegen die Zeugnisse über die Teilnahme an anderen als den zu c erwähnten vorgeschriebenen fünf Übungen sowie gegebenenfalls auch Zeugnisse über die Teilnahme an praktischen Ferienkursen bei den Gerichten u. dgl. Die Mitvorlage solcher Zeugnisse und Nachweise ist empfehlenswert, da sie für die Beurteilung der Persönlichkeit des Kandidaten mit von Bedeutung sind.

6. Entscheidung über das Zulassungsgesuch.

Über die Zulassung zur Prüfung entscheidet der Vorsitzende des Prüfungsamtes (§ 4 AusbildungsO.). Dieser hat an der Hand der vorgelegten Nachweisungen zu prüfen, ob die Zuständigkeit des angegangenen Prüfungsamtes gegeben und ob die sämtlichen Voraussetzungen für die Zulassung erfüllt sind. Ergeben sich Anstände, so kann er auf eine Ergänzung des Gesuches oder der Belege hinwirken. Auch kann er dem Kandidaten die Einreichung von besonderen Führungszeugnissen aufgeben (§ 5 d AusbildungsO.). Der Vorsitzende kann, wenn die Zuständigkeit des Prüfungsamtes lediglich auf Grund des § 3 b AusbildungsO. — Besuch der im Bezirk des Prüfungsamtes gelegenen Universität während des letzten und eines früheren Semesters (vgl. oben B I 1 b) — gegeben ist, das Gesuch wegen Überlastung des Prüfungsamtes zurückweisen (§ 7 AusbildungsO.). Wird das Zulassungsgesuch aus anderen Gründen als wegen Unzuständigkeit oder Überlastung des Prüfungsamtes zurückgewiesen, so bindet die Entscheidung die Vorsitzenden der anderen Prüfungsämter. Diesen wird die Entscheidung mit den Gründen mitgeteilt (§ 8 AusbildungsO.). Der Rechtskandidat, der in solchem Falle unter Nichtbeachtung des Zurückweisungsgrundes sich bei einem anderen Prüfungsamte melden wollte, müßte von diesem also gleichfalls ohne weiteres zurückgewiesen werden. Einem Rechtskandidaten, dessen Gesuch von einem Prüfungsamt zurückgewiesen wird, steht jedoch gegen diese Entscheidung die Beschwerde an den Justizminister frei (§ 23 AusbildungsO.).

II. Das Prüfungsverfahren.

1. Gegenstände der Prüfung.

Über die erste juristische Prüfung — die Referendarprüfung — bestimmt das preußische Gesetz vom 6. 5. 1869:

in § 3: Die erste Prüfung besteht aus einer schriftlichen und einer mündlichen, und

in § 4: Den Gegenstand der Prüfung bilden die Disziplinen des öffentlichen und Privatrechts und der Rechtsgeschichte sowie die Grundlagen der Staatswissenschaften.

Die Prüfung muß auf Erforschung der positiven Kenntnisse des Kandidaten, seine Einsicht in das Wesen und die geschichtliche Entwicklung der Rechtsverhältnisse sowie darauf gerichtet werden, ob der Kandidat sich überhaupt die für seinen künftigen Beruf erforderliche allgemeine rechts- und staatswissenschaftliche Bildung erworben habe.

Angesichts der gewaltigen Entwicklung, die seit Erlaß dieses Gesetzes das Wirtschaftsleben genommen hat, muß in der ersten juristischen Prüfung weiter auch verlangt werden, daß der Prüfling über die wesentlichsten Begriffe der Volkswirtschaftslehre und der Finanzwissenschaft Bescheid weiß und für das Ineinandergreifen der Kräfte des Wirtschaftsprozesses und für das Verhältnis der Wirtschaftsfaktoren zueinander Verständnis zeigt.

Das in der Prüfung an das Wissen und Verständnis des Prüflings anzulegende Maß wird bestimmt durch das Endziel der Prüfung. Dieses läuft auf die Ermittlung hinaus, ob der Kandidat sich auf den vorbezeichneten Gebieten hinreichendes Wissen und Verständnis verschafft hat, um als Referendar den Vorbereitungsdienst, in dem er an die berufsmäßige Anwendung der auf der Universität gelernten Rechtssätze herangeführt werden soll, mit Erfolg leisten zu können.

Im einzelnen ist erforderlich, daß der Kandidat auf den bezeichneten Gebieten in gewissem Umfange sich *positive Kenntnisse* zu eigen gemacht hat. Denn wie der Handwerker über bestimmte Handgriffe, der

Künstler über eine gewisse Technik verfügen muß, so kann auch der Jurist ohne einen festen Stamm sicherer Rechtskenntnisse die ihm obliegenden juristischen Denkoperationen nicht vornehmen. Bei dem gewaltig angewachsenen Gesetzesstoff kann allerdings in der mündlichen Prüfung und bei den Klausurarbeiten von dem Prüfling an positiven Rechtskenntnissen nicht mehr verlangt werden, als daß er sich mit den wesentlichen Grundsätzen und Grundbegriffen der einzelnen Rechtsmaterien vertraut zeigt. Hinzu kommen muß aber Verständnis für die Gesetzestechnik und für den Zusammenhang und das Verhältnis der einzelnen Rechtsnormen zueinander wie auch für die Zusammenhänge zwischen Recht und Wirtschaft. Von dem Kandidaten als einem Anwärter für den höheren Justiz- und Verwaltungsdienst muß endlich gefordert werden, daß er über die für seinen Beruf erforderliche Allgemeinbildung in Rechts- und Staatswissenschaften und in Wirtschaftsfragen verfügt.

2. Die einzelnen Prüfungsleistungen.

a) Die häusliche Prüfungsarbeit. Gleichzeitig mit der Zulassung zur Prüfung oder alsbald nach der Zulassung wird dem Kandidaten eine Aufgabe zur häuslichen Bearbeitung gestellt. Die Aufgabe besteht regelmäßig in der Erörterung und Lösung eines Rechtsfalles. Dieser ist für gewöhnlich dem Zivilrecht entnommen; jedoch wird einem rechtzeitig geäußerten Wunsch des Rechtsbeflissenen, daß die Aufgabe aus einem anderen Rechtsgebiete gewählt werden möchte, wohl stets Rechnung getragen.

Für die Bearbeitung und ihre Ablieferung in Reinschrift wird eine Frist von sechs Wochen gewährt (§ 11 AusbildungsO.). In analoger Anwendung der Vorschriften der §§ 188 Abs. 2 und 193 BGB. endigt die Frist mit Ablauf des Tages der sechsten Woche, der durch seine Benennung dem Tage entspricht, an dem die Aufgabe dem Kandidaten zugestellt wurde, und wenn dieser Tag ein Sonntag oder ein allgemein anerkannter Feiertag ist, am nächstfolgenden Werktag. Die Frist ist als Ausschlußfrist anzusehen; der Vorsitzende des Prüfungsamtes ist daher, selbst wenn triftige Entschuldigungsgründe vorgebracht werden, nicht in der Lage, die Frist zu verlängern oder bei Versäumung der Frist die verspätet abgelieferte Arbeit noch als Prüfungsarbeit gelten zu lassen (Rundverf. des JM. vom 9. 1. 1905 und 2. 2. 1905). Es mag dies im Einzelfall eine Härte sein, jedoch sollen Ungleichheiten in der Annahme von Entschuldigungsgründen vermieden werden; auch mögen die Kandidaten lernen, gestellte Fristen innezuhalten.

Die Arbeit muß also, wenn sie als Prüfungsleistung gelten soll, vor Ablauf des letzten Tages der Frist abgeliefert werden. Da beim Prüfungsamt eine Empfangnahme jedoch regelmäßig nur während der gewöhnlichen Dienststunden stattfindet, so wird es zugelassen, daß die Arbeit am letzten Tage nachweislich noch vor Mitternacht auf einem Postamt abgeliefert wird. Den Prüflingen ist indes dringend zu raten, sich mit der Zeit so einzurichten, daß zur Fertigstellung der Arbeit nicht noch die letzten Stunden der Frist benötigt werden. Denn nur zu leicht wird zuletzt die Zeit zu knapp. Ein Rechnen mit den letzten Stunden des letzten Tages läßt dem Kandidaten oft auch keine oder doch keine genügende Zeit mehr übrig, die fertige Arbeit in Ruhe nochmals durchzulesen. Eine solche sorgfältige Durchsicht ist aber nicht nur zur Beseitigung von — oft den Sinn störenden — Schreibfehlern, sondern auch deshalb nötig, weil der Verfasser dabei Gelegenheit hat, manchen Gedanken schärfer zu fassen und Ungenauigkeiten im Ausdrucke zu beseitigen.

Die Arbeit soll in ihrem Aufbau logisch gegliedert, im Ausdruck scharf und klar sein und überall die Gedankenfolge, von der der Verfasser sich leiten läßt, deutlich hervortreten lassen. Inhaltlich soll die Arbeit eine möglichst erschöpfende Erörterung der für die Entscheidung wesentlichen Gesichtspunkte enthalten und dabei die Besonderheiten, die der Fall bietet, in rechtlicher und wirtschaftlicher Beziehung eingehend würdigen. Der Kandidat hat sich zu hüten vor Weitschweifigkeiten und Wiederholungen und insbesondere vor Ausführungen, die mit der Lösung der Aufgabe nichts zu tun haben. In der Literatur längst ausgetragene Fragen brauchen nur kurz berührt zu werden, wenn der Rechtsfall offensichtlich andere bedeutsame Probleme zur Erörterung stellt.

Die über die zu behandelnden Rechtsfragen erschienene Literatur, auch höchstrichterliche Entscheidungen, die sich mit den Fragen befassen, sind möglichst ausgiebig zu verwerten, und zwar ist insbesondere auf die neueste Literatur zu achten und bei mehrfachen Auflagen eines Werkes möglichst die letzte Auflage zu benutzen. Die einschlägige Literatur findet der Kandidat zumeist in den ihm zur Verfügung stehenden öffentlichen Bibliotheken, notfalls in Mietbüchereien. Die Benutzung der Literatur muß in wissenschaftlicher Weise erfolgen. In dieser Hinsicht ist zu beachten, daß das Studium der Literatur zunächst lediglich den Zweck haben soll, dem Kandidaten über den Stand einer Rechtsfrage Auskunft zu geben und ihm zu einem eigenen Urteil über die zu entscheidende Rechtsfrage zu verhelfen. In der Arbeit selbst ist dann dieses Urteil zu entwickeln. Dies darf nicht in der Weise geschehen, daß der Prüfling lange Exzerpte aus der verwerteten Literatur aneinanderreiht und daran anschließend lediglich bemerkt, daß er sich der einen oder anderen Ansicht anschließe. Vielmehr hat der Kandidat sich mit dem in Schrifttum und Rechtsprechung gefundenen Gründen und Gegengründen auseinanderzusetzen und daraus dann seine eigene Ansicht zu entwickeln und darzulegen. Wörtliche Literaturzitate sind nur da angebracht, wo es gerade auf den Wortlaut ankommt.

Den von ihm selbst eingenommenen Rechtsstandpunkt soll der Kandidat bestimmt und zielsicher durchführen. Er braucht auch nicht davor zurückzuschrecken, eine von der herrschende Lehre abweichende Meinung zu vertreten. Zu verlangen ist jedoch, daß er für seine abweichende Ansicht gute Gründe vorbringt. Auch muß der Prüfling sich vor einer Überhebung seiner Person hüten. Einem jungen Juristen steht es insbesondere schlecht an, wenn er die gegenteilige Ansicht wissenschaftlicher Autoritäten oder des höchsten Gerichts in geringschätzender oder ironisierender Weise behandelt. Die Prüfungsarbeit soll wie jede wissenschaftliche Abhandlung von strenger Sachlichkeit getragen und nicht eine Streitschrift sein.

Am Schlusse der Arbeit hat der Kandidat in einer von ihm zu unterschreibenden Erklärung zu versichern, daß er die Arbeit ohne fremde Hilfe angefertigt und sich anderer als der von ihm angegebenen Schriften nicht bedient habe. Diese Versicherung enthält eigentlich Selbstverständliches; schon der eigene Stolz sollte den Prüfling davon abhalten, sich unerlaubter Hilfsmittel zu bedienen. Auch bei Ermittelung und Zusammenstellung der Literatur hat der Prüfling selbständig zu verfahren; sich durch Mietbüchereien die für ein Thema in Betracht kommende Literatur zusammenstellen zu lassen, kann nicht als statthaft angesehen werden. In der Arbeit ist bei jedem der Literatur entnommenen Gedanken diese Literatur gewissenhaft und genau anzuführen. Kollegheste eignen sich jedoch nicht zum Zitieren. Über die Folgen einer falschen Abgabe der vorbezeichneten Versicherung vgl. unten B II 5.

Über die bei Anfertigung und Ablieferung der Arbeit zu beobachtenden Formalien geben regelmäßig die Anweisungen Auskunft, die dem Prüfling bei Übersendung der Aufgabe mit zugehen.

Ist eine Arbeit einmal abgeliefert, d. h. beim Prüfungsamt eingegangen, so steht es nicht mehr in der Macht des Prüflings, die Arbeit zurückzuziehen. Vielmehr hat der die häusliche Prüfungsarbeit betreffende Prüfungsabschnitt damit als abgeschlossen zu gelten. Nicht selten reichen die Prüflinge nachträglich „Schreibfehlerverbesserungen" oder „Literaturnachträge" oder ähnliches ein. Daß solche Nachträge, soweit sie sich als materielle Änderungen der abgelieferten Arbeit herausstellen, keine Berücksichtigung finden können, liegt auf der Hand. Soweit sie wirklich nur Schreibfehlerverbesserungen oder Literaturnachträge enthalten, werden sie zwar den Prüfern zur Berücksichtigung bei Beurteilung der Arbeit vorgelegt, sie beweisen jedoch stets, daß der Arbeit die letzte Feile fehlt.

Liefert der Kandidat die Arbeit innerhalb der Sechswochenfrist nicht ab, so erhält er nach Ermessen des Vorsitzenden alsbald oder nach Ablauf einer Frist, die bis zu sechs Monaten erstreckt werden kann, eine andere Aufgabe (§ 11 AusbildungsO.). Der Prüfling hat sonach, wenn ihm die gestellte Aufgabe nicht genehm ist oder wenn er bei der Ausarbeitung erkennt, daß er eine sachgemäße Bearbeitung innerhalb der vorgeschriebenen Zeit nicht fertigstellen kann, die Möglichkeit, die Aufgabe unbearbeitet zu lassen und sich eine andere Aufgabe zu erbitten. Versäumt jedoch ein Prüfling die Frist für die Ablieferung der Arbeit wiederholt, d. h. zweimal ohne, oder ohne ausreichende Entschuldigung, so gilt die Prüfung als nicht bestanden. Die Entscheidung trifft der Vorsitzende, auf Anrufung durch den Prüfling das Prüfungsamt, gegen dessen Entscheidung noch Beschwerde an den Justizminister möglich ist (§§ 11, 23 AusbildungsO.). Stehen dem Prüfling für die Nichtbearbeitung oder Nichtfertigstellung einer Aufgabe triftige Entschuldigungsgründe — z. B. eine durch Arztzeugnis bescheinigte ernstliche Erkrankung — zur Seite, so kann der Vorsitzende des Prüfungsamtes die Versäumnis als entschuldigt erklären, was zur Folge hat, daß die Aufgabe als nicht gestellt angesehen wird, so daß — abgesehen vom Zeitverlust — dem Kandidaten aus der Nichtablieferung der Arbeit keine nachteiligen Folgen erwachsen.

b) **Die Klausurarbeiten.** Nach rechtzeitiger Ablieferung der häuslichen Prüfungsarbeit erhält der Prüfling alsbald oder nach Ablauf einer von ihm erbetenen Erholungsfrist, die bis zu sechs Wochen gewöhnlich anstandslos gewährt wird, die Ladung zu einem Termin zur Anfertigung der unter Aufsicht herzustellenden Arbeiten — Klausurtermin.

Die Klausurarbeiten werden in der Regel am Sitze des Prüfungsamtes und tunlichst an vier Wochentagen innerhalb zweier Wochen angefertigt. An je einem Tage sind zu bearbeiten: eine Aufgabe aus dem Gebiete des Bürgerlichen Gesetzbuches, eine weitere Aufgabe aus demselben Gebiete oder aus einem anderen Gebiete des Privatrechts, eine Aufgabe aus dem Gebiete des Strafrechts und eine Aufgabe aus dem Gebiete des Staats- und Verwaltungsrechts. Den die Arbeiten gleichzeitig anfertigenden Prüflingen werden dieselben Aufgaben erteilt. Die Arbeitszeit beträgt je fünf Stunden. Dem Prüfling werden die erforderlichen Gesetzestexte und nach Bestimmung des Vorsitzenden Handkommentare zur Verfügung gestellt; die Benutzung anderer Hilfsmittel ist nicht gestattet. Auch der die Aufsicht führende Beamte — zumeist ein Mitglied des Prüfungsamtes oder ein anderer Richter oder Staatsanwalt — darf den Prüflingen zu der Aufgabe keine sachliche Auskunft geben.

Für die Aufgaben, insbesondere die aus dem Privatrecht und Strafrecht, werden regelmäßig kurze einfache Rechtsfälle gewählt, deren Zergliederung und Beurteilung den Prüflingen besondere Schwierigkeiten nicht bieten, ihnen aber doch hinreichende Gelegenheit geben, ihre Befähigung und ihr Verständnis zur Erörterung von Rechtsfragen darzutun (Rundverf. des JM. vom 15. 5. 1908). Naturgemäß können die Aufgaben nicht immer gleich leicht und gleich schwer sein. Der Ausgleich ist darin zu finden, daß solche Ungleichheiten bei der Beurteilung der Arbeiten gebührend berücksichtigt werden.

Für die Zeit der Anfertigung der Klausurarbeiten ist selbstverständlich der Verkehr der Prüflinge untereinander und mit Dritten untersagt (§ 12 AusbildungsO.). Den Aufsichtsbeamten ist zur Pflicht gemacht, die Prüflinge während der Bearbeitung der Aufgaben unausgesetzt zu überwachen und insbesondere darauf zu achten, daß sie die Arbeit selbständig anfertigen und sich anderer als der ihnen zur Verfügung gestellten Hilfsmittel nicht bedienen. Gegen jede Unregelmäßigkeit hat der Aufsichtsbeamte unnachsichtlich einzuschreiten (Rundverf. des JM. vom 15. 5. 1908). Die Prüflinge sollten sich dessen bewußt sein und auch den Schein eines unerlaubten Verhaltens vermeiden; sie sollten insbesondere Bücher und irgendwelche Aufzeichnungen zu dem Klausurtermine nicht mitbringen, und wenn sie solche bei sich führen, sie unaufgefordert vor Beginn des Termins an den Aufsichtsbeamten abliefern. Prüflinge, die sich eines Täuschungsversuches oder eines Verstoßes gegen die Ordnung schuldig machen, kann schon der aufsichtführende Beamte von der weiteren Teilnahme an dem Termine ausschließen (§ 13 AusbildungsO.). Über die weiteren Folgen eines Täuschungsversuches siehe unten B II 5.

Die Prüflinge haben die mit ihrer Unterschrift versehenen Arbeiten, auch wenn sie unvollendet sind, bis zum Ablauf der Fünfstundenfrist an den aufsichtführenden Beamten abzuliefern (§ 12 AusbildungsO.). Ist der Prüfling mit der Reinschrift der Arbeit nicht fertig geworden, so steht es ihm frei, den Entwurf über den in Reinschrift fehlenden Teil der Arbeit beizufügen. Liefert ein Prüfling eine Arbeit nicht ab oder liefert er an einem Tage ein leeres Stück Papier oder ein Schriftstück ab, das eine ernsthafte Bearbeitung der Aufgabe offensichtlich nicht enthält, oder wird er zum ersten Male wegen eines Verstoßes gegen die Ordnung von der weiteren Teilnahme an dem Termin ausgeschlossen, so gilt der Klausurtermin im ganzen als nicht wahrgenommen (§ 13 AusbildungsO.). Denn der Termin zur Anfertigung der unter Aufsicht herzustellenden Arbeiten wird, obschon er sich über vier Tage erstreckt und es sich um die Anfertigung von vier verschiedenen Arbeiten handelt, doch als ein einheitlicher Termin behandelt, so daß auch bei Teilsäumnis der ganze Termin als versäumt gilt, also auch die bereits regelrecht abgelieferten Klausurarbeiten nicht mehr als Prüfungsarbeiten in Betracht kommen. Die Folge der Versäumung des Termines ist, daß der Prüfling nach Ermessen des Vorsitzenden sofort oder nach Ablauf einer Frist, die bis zu sechs Monaten erstreckt werden kann, zu einem neuen Klausurtermin, in dem wiederum vier Arbeiten zu schreiben sind, geladen wird. Wenn ein Prüfling wiederholt, d. h. zum zweiten Male, ohne ausreichende Entschuldigung den Klausurtermin versäumt, so gilt die Prüfung als nicht bestanden. Die Entscheidung trifft der Vorsitzende, auf Anrufung durch den Prüfling das Prüfungsamt, gegen dessen Entscheidung wiederum Beschwerde an den Justizminister möglich ist (§§ 19, 23 AusbildungsO.). Liegen zwingende Entschuldigungsgründe vor — auch hier kommt insbesondere eine ärztlich bescheinigte schwere Erkrankung in Betracht —, so treten jene nachteiligen Folgen nicht ein; vielmehr wird in solchem Falle die Terminsbestimmung als nicht geschehen angesehen.

Hat ein Kandidat die vier Klausurarbeiten abgegeben, so ist für ihn auch dieser Teil der Prüfung abgeschlossen. Eine Zurückziehung einer einmal abgelieferten Klausurarbeit ist ebensowenig wie die Zurückziehung der einmal abgelieferten häuslichen Prüfungsarbeit zulässig.

c) **Die mündliche Prüfung.** Alsbald nach Beendigung des Klausurtermins wird für diejenigen Kandidaten, die alle vier Klausurarbeiten abgeliefert haben, Termin zur mündlichen Prüfung angesetzt. Diese mündliche Prüfung findet an zwei unmittelbar oder kurz aufeinander folgenden Tagen längstens innerhalb zweier Wochen und sobald als möglich nach Beendigung der schriftlichen Prüfung statt. Zur mündlichen Prüfung sollen nicht mehr als fünf Prüflinge geladen werden (§ 14 AusbildungsO.). Die mündliche Prüfung umfaßt am ersten Tage das gesamte Privatrecht, das Strafrecht, die Grundzüge des Zivilprozeß- und Strafprozeßrechts sowie der freiwilligen Gerichtsbarkeit und die zugehörige Rechtsgeschichte, am zweiten Tage das Staats- und Verwaltungsrecht, die Grundzüge des Finanz- und Steuerrechts, des Völkerrechts, des Kirchenrechts und die zugehörige Rechtsgeschichte sowie die Grundlagen der

Volkswirtschaftslehre; das Arbeits- und Wirtschaftsrecht gehört zum Prüfungsstoff beider Tage. Die Verteilung der Prüfungsgegenstände auf die beiden Prüfungstage hindert jedoch nicht, daß am ersten Tage auch Fragen aus einem Prüfungsgebiete des zweiten Tages gestellt werden dürfen und umgekehrt (Rundverf. des JM. vom 11. 3. 1925). Die Prüfung dauert am ersten Tage $4^1/_2$ bis 5 Stunden, am zweiten Tage $2^1/_2$ bis 3 Stunden. Es soll an jedem der Tage über möglichst viele Gebiete geprüft und dem Prüfling Gelegenheit gegeben werden, sich nicht nur über seine Rechtskenntnisse, sondern namentlich auch über seine Befähigung zu ihrer Anwendung auszuweisen. Auch ist darauf Gewicht zu legen, ob der Prüfling die Übersicht über die inneren Zusammenhänge des Privatrechts und des öffentlichen Rechtes und Verständnis für die Zweckbestimmungen des Gesetzes erlangt hat. Das geltende Recht soll im Vordergrunde stehen, Fragen über nebensächliche Einzelheiten sollen vermieden, Fragen aus Sondergebieten auf die Grundzüge beschränkt werden. Das Römische Recht und das nicht mehr geltende Deutsche Privatrecht ist nur im Zusammenhange mit dem geltenden Rechte und nur insoweit zum Gegenstande der Prüfung zu machen, als es für die Erörterung der geschichtlichen Entwicklung geltender Rechtssätze oder dogmatischer Rechtsgrundsätze von Wert ist. Mit Übersetzungen verbundene Erläuterungen der Quellen des Römischen Rechts finden nicht mehr statt (§ 15 AusbildungsO.). Andererseits ist mit Rücksicht auf die Bedeutung des Römischen Rechts für die Rechtsentwicklung und für das heutige Recht das Römische Recht doch in möglichst regelmäßiger Wiederkehr zu prüfen, und es kann dabei gelegentlich auch eine Stelle aus den römischen Rechtsquellen herangezogen werden (Rundverf. des JM. vom 13. 10. 1925).

Die Ansprüche, die in der Prüfung gestellt werden, richten sich, soweit es sich um positive Rechtskenntnisse handelt, an das Gedächtnisvermögen, nicht minder aber an die Denktätigkeit des Prüflings, soweit es darauf ankommt, festzustellen, ob er befähigt ist, die Rechtssätze auf einen gegebenen einfachen Fall anzuwenden. Daraus ergibt sich für die Rechtsbeflissenen, daß sie ihr Studium von Anfang an nicht darauf beschränken dürfen, sich möglichst viele positive Rechtskenntnisse anzueignen, sondern daß sie zugleich auch bestrebt sein müssen, Verständnis für die inneren Zusammenhänge und Zweckbestimmungen der Rechtssätze zu gewinnen.

Für die Abnahme der mündlichen Prüfung am ersten Tage wird ein aus vier Mitgliedern einschl. des Vorsitzenden bestehender Ausschuß gebildet; zu diesem sollen regelmäßig zwei Universitätslehrer gehören. Für die Abnahme der Prüfung am zweiten Tage wird ein aus drei Mitgliedern einschl. des Vorsitzenden bestehender Ausschuß gebildet; zu diesem soll regelmäßig ein Universitätslehrer gehören, und ein Mitglied soll aus der Zahl der für die Volkswirtschaftslehre berufenen Prüfer entnommen werden. An beiden Prüfungstagen soll der Vorsitz von demselben Richter geführt werden. Von den schriftlichen Arbeiten, einschl. der häuslichen Arbeit, unterliegen die aus den Gebieten des Privatrechts, des Strafrechts, des Prozeßrechts und der zugehörigen Rechtsgeschichte entnommenen Arbeiten der Beurteilung des am ersten Tage tätigen Ausschusses, die anderen Arbeiten der Beurteilung des am zweiten Tage tätigen Ausschusses (§ 16 AusbildungsO.).

Den Rechtskandidaten dürfen auf ihre Anfrage, jedoch nicht früher als drei Wochen vor der Prüfung, die Namen der Prüfer mitgeteilt werden. Sich auf die bekanntgegebenen Prüfer an der Hand von sog. Protokollen, das sind mehr oder minder genaue private Aufzeichnungen über Fragen, die der betreffende Prüfer in früheren Prüfungen gestellt hat, besonders vorzubereiten, hat jedoch wenig Wert. Denn einmal kann der Prüfungsausschuß am Prüfungstage ganz anders zusammengesetzt sein, da vielfach in letzter Stunde ein Wechsel in der Besetzung eintreten muß, und sodann gibt es auch kaum mehr Prüfer, die ihrer Prüfung Fragebogen zugrunde legen, die sie bereits in früheren Prüfungen benutzt haben. Den Kandidaten ist vielmehr im Hinblick auf die nicht geringe geistige Arbeit, die in der Prüfung zu leisten ist, für die letzten Wochen und insbesondere für die letzten Tage vor dem Prüfungstermin als beste Vorbereitung auf die mündliche Prüfung anzuempfehlen, daß sie sich zwar geistig angeregt halten, jedoch nicht noch möglichst viel Gedächtnisstoff in sich aufzunehmen suchen, sondern vor allem dafür sorgen, daß sie am Prüfungstage mit klarem Kopfe in die Prüfung eintreten. Je frischer und unbefangener der Prüfling ist, um so günstiger sind die Aussichten für ein Gelingen der Prüfung. Für die Prüfung aber ist dem Prüfling dringend zu raten, daß er sich nicht dadurch, daß er einzelne Fragen unrichtig beantwortet hat, beunruhigen läßt, sondern die weiter an ihn gestellten Fragen um so besser zu beantworten bestrebt ist und unbeirrt bis zum Schlusse der Prüfung durchhält. Denn das Urteil über Bestehen oder Nichtbestehen der Prüfung richtet sich nach den Gesamtleistungen. Der Prüfling kann seine Prüfungsaussichten also bis zum Schlusse der mündlichen Prüfung noch immer verbessern.

Für die Versäumung eines Prüfungstermines gilt dasselbe wie für die Versäumung eines Klausurtermines. Eine zweimalige unentschuldigte Versäumnis hat zur Folge, daß die Prüfung als nicht bestanden zu gelten hat. Eine mit guten Gründen entschuldigte Versäumnis des Prüfungstermines an einem der Prüfungstage hat dagegen die Wirkung, daß die Terminsanberaumung als nicht erfolgt angesehen wird.

Zu den mündlichen Prüfungen haben die sonstigen zur Prüfung bereits zugelassenen Rechtskandidaten Zutritt. Näheres darüber bestimmt der Vorsitzende (§ 14 AusbildungsO.). Die getroffenen Anordnungen sind auf den Geschäftsstellen der Prüfungsämter zu erfahren. Vielfach werden, soweit Platz verfügbar, auch Studierende der letzten Semester zugelassen. Das Anhören einiger Prüfungen hat für den Rechtskandidaten Wert nach zweifacher Richtung. Einmal wird er vertraut mit den äußeren Formen und dem Hergang in der Prüfung; dies trägt dazu bei, die Examensangst, wenigstens soweit sie ihren Grund in dem Ungewohnten und Ungewissen hat, zu mildern. Sodann erfährt der Kandidat, welche Anforderungen im allgemeinen an die Prüflinge gestellt werden und worauf es in der Prüfung hauptsächlich ankommt; hiernach aber kann er seine letzte Vorbereitung auf die Prüfung einrichten.

3. Dauer der Prüfung, Unterbrechungen und Versäumung von Prüfungsleistungen.

Ein Prüfling, der die ihm gestellte häusliche Prüfungsaufgabe fristgerecht bearbeitet und bereit ist, nach Ablieferung der häuslichen Arbeit sich alsbald einem Klausurtermin und alsdann der mündlichen Prüfung zu unterziehen, kann die Prüfung in weniger als drei Monaten hinter sich bringen. Wenn sich die Prüfung, wie es allerdings zumeist der Fall ist, über einen längeren Zeitraum erstreckt, so ist dies regelmäßig in der Person des Prüflings begründet.

Allerdings kann, da der Vorsitzende von Amts wegen die Aufgaben für die schriftlichen Arbeiten zu stellen und die Termine — Klausurtermin und Termin für die mündliche Prüfung — zu bestimmen hat, eine Unterbrechung der Prüfung regelmäßig nur mit seiner Zustimmung erfolgen. Eine solche Unterbrechung wird aber recht oft beantragt. Daß nach Ablieferung der häuslichen Prüfungsarbeit einem Wunsche auf Gewährung einer mäßigen Erholungsfrist zumeist anstandslos entsprochen wird, ist bereits oben (B II 2 b) gesagt. Jedoch auch sonst werden die Vorsitzenden bei genügender Begründung, insbesondere bei ernstlicher Erkrankung des Prüflings, bereit sein, eine Unterbrechung der Prüfung zu bewilligen. Allerdings sollten die Kandidaten schon vor Eintritt in die Prüfung sich fragen, ob ihr Gesundheitszustand den immerhin nicht geringen Anstrengungen und Aufregungen der Prüfung gewachsen ist, und sie sollten während des Prüfungsverfahrens ständig auf der Hut sein, ihre Gesundheit nicht zu gefährden. Zu dem Zweck sollten sie ihre geistige Arbeitskraft allein auf die Prüfungsleistungen verwenden und die verbleibende Zeit einer die Gesundheit kräftigenden Erholung widmen. Die leider so zahlreichen Kandidaten, die in allgemeiner Nervosität einen Grund sehen, die Prüfung immer wieder zu unterbrechen, mögen sich gesagt sein lassen, daß durch Hinausziehen der Prüfung ein nervöses Leiden nicht gemildert, sondern eher verschlimmert und damit die Aussicht auf einen günstigen Prüfungsabschluß immer mehr verschlechtert wird.

Der Möglichkeit, die Erledigung der Prüfung ungebührlich lange zu verschleppen, ist auch eine Grenze gezogen durch die Bestimmung, daß eine Prüfung, die innerhalb eines Jahres seit dem Tage, an dem die Zulassung des Prüflings verfügt ist, nicht erledigt ist, als nicht bestanden zu gelten hat. Eine Verlängerung der Jahresfrist wird vom Minister, nur wenn sehr triftige Gründe vorliegen, bewilligt. Die Entscheidung darüber, ob eine Prüfung wegen Ablaufs der Jahresfrist als nicht bestanden zu gelten hat, trifft der Vorsitzende, auf Anrufung durch den Prüfling das Prüfungsamt, gegen dessen Entscheidung Beschwerde an den Justizminister möglich ist (§§ 20, 23 AusbildungsO.).

Der Prüfling kann auch durch Versäumung von Prüfungsleistungen die Erledigung der Prüfung hinausziehen. Es ist bereits erwähnt, daß, wenn der Prüfling die ihm zur häuslichen Arbeit gestellte Prüfungsaufgabe unbearbeitet läßt, oder wenn er den ihm bestimmten Klausurtermin versäumt oder abbricht, oder wenn er den zur mündlichen Prüfung anberaumten Termin nicht wahrnimmt, dies zunächst nur die Folge hat, daß ihm eine zweite Aufgabe zur häuslichen Arbeit gestellt bzw. ihm ein neuer Klausurtermin bzw. Termin zur mündlichen Prüfung bestimmt wird; bei nicht genügender Entschuldigung läuft der Kandidat allerdings Gefahr, daß der Vorsitzende ihm erst nach Ablauf einer Frist, die bis zu sechs Monaten erstreckt werden kann, die neue Prüfungsaufgabe bzw. den neuen Klausur- bzw. Prüfungstermin bestimmt. Erst wenn wiederholt d. h. zum zweitenmal die Frist für die Anfertigung der häuslichen Arbeit oder der Klausurtermin oder der Termin für die mündliche Prüfung ohne ausreichende Entschuldigung versäumt ist, gilt die Prüfung als nicht bestanden. Diese mißliche Folge tritt jedoch nur dann ein, wenn der Prüfling keine ausreichenden Entschuldigungsgründe für seine Versäumnis vorbringen kann. Stehen ihm solche Entschuldigungsgründe zur Seite, so ist, ohne daß für den Prüfling ein weiterer Nachteil eintritt, als der durch die Säumnis bedingte Zeitverlust, ihm immer erneut Gelegenheit zu geben, die versäumte Prüfungsleistung zu erbringen. Eine zeitliche Grenze ist jedoch auch hier gesetzt durch die obenerwähnte Bestimmung, daß die Prüfung binnen Jahresfrist erledigt sein muß, widrigenfalls sie als nicht bestanden zu gelten hat.

4. Rücktritt von der Prüfung.

Dem Prüfling steht es selbstverständlich jederzeit frei, von der Prüfung zurückzutreten. Jedoch gilt eine Prüfung, die ohne Genehmigung des Vorsitzenden abgebrochen wird, als nicht bestanden. Die Entscheidung darüber, ob der Abbruch der Prüfung zu genehmigen sei, trifft der Vorsitzende, auf Anrufung durch den Prüfling das Prüfungsamt, gegen dessen Entscheidung wieder Beschwerde an den Justizminister zulässig ist.

Die Genehmigung zum Abbruch einer Prüfung wird regelmäßig wohl nur erteilt werden, wenn zwingende bei Eintritt in die Prüfung nicht vorauszusehende Gründe den Abbruch der Prüfung rechtfertigen. Darin, daß dem Prüfling während des Prüfungsverfahrens die Erkenntnis kommt, daß er nach dem Stande seiner Vorbereitung den Anforderungen der Prüfung nicht gewachsen sei, kann ein solcher Grund schwerlich gefunden werden. Deshalb wird ein Prüfling, dessen Prüfung schon bis zur mündlichen Prüfung vorgeschritten ist, oder der gar in die mündliche Prüfung bereits eingetreten ist, wohl nur ganz ausnahmsweise noch darauf rechnen können, daß ihm die Genehmigung zum Abbruch der Prüfung erteilt werde.

Ein Prüfling, der ohne Genehmigung des Vorsitzenden von der Prüfung zurückgetreten ist, kann, da seine Prüfung als nicht bestanden gilt, frühestens nach sechs Monaten erneut zur Prüfung zugelassen werden, und nur wenn er während eines Halbjahres das Rechtsstudium an einer Universität fortgesetzt und mindestens an einer mit schriftlichen Arbeiten verbundenen Übung teilgenommen hat. Aber auch, wenn der Rücktritt von der Prüfung mit Genehmigung des Vorsitzenden erfolgt ist, kann später mit Rücksicht auf die Lage des Einzelfalles, namentlich auf die Länge der seit Abschluß des Universitätsstudiums verflossenen Zeit die erneute Zulassung zur Prüfung von einem vorherigen weiteren Rechtsstudium abhängig gemacht werden (Rundverf. des JM. vom 5. 11. 1897).

5. Ergebnis der Prüfung.

Wenn im Hinblick auf das Gesamtergebnis der schriftlichen und mündlichen Prüfung die Leistungen des Prüflings nach dem Urteil der an den beiden Prüfungstagen tätigen Prüfungsausschüsse den Anforderungen genügen, so ist die Prüfung bestanden. Für besondere, den Durchschnitt übersteigende Leistungen können die Prädikate „vollbefriedigend", „gut" oder „mit Auszeichnung" erteilt werden. Das Ergebnis sowie die für jeden Tag erteilten Gesamtprädikate werden dem Prüfling am Schlusse des zweiten Prüfungstages mitgeteilt. Wer die Prüfung bestanden hat, erhält über das Ergebnis ein Zeugnis des Vorsitzenden des Prüfungsamtes, auf Grund dessen er bei einem Oberlandesgerichtspräsidenten bzw. dem Kammergerichtspräsidenten die Ernennung zum Referendar nachsuchen kann (§§ 24, 25 AusbildungsO.).

Sind die Leistungen an beiden oder auch nur an einem Prüfungstage für nicht genügend befunden, so ist die Prüfung nicht bestanden. Auch dieses Ergebnis wird dem Prüfling am Schlusse des zweiten Prüfungstages mitgeteilt. Im Falle des Nichtbestehens der Prüfung können dem Prüfling für die zu wiederholende Prüfung einzelne Prüfungsleistungen — die häusliche Arbeit, die Klausurarbeiten zum ersten Prüfungstag, die Klausurarbeit zum zweiten Prüfungstag, die mündliche Prüfung des ersten Tages, die mündliche Prüfung des zweiten Tages — erlassen werden. Voraussetzung ist jedoch, daß die zu erlassende Prüfungsleistung ohne Vorbehalt genügt hat. Der Erlaß wird dem Prüfling gleichzeitig mit der Verkündigung des sonstigen Prüfungsergebnisses mitgeteilt (§ 18 AusbildungsO.).

Das Nichtbestehen der Prüfung hat zur Folge, daß der Prüfling zu einer Wiederholung der Prüfung nicht vor Ablauf von sechs Monaten und regelmäßig nur dann zugelassen werden kann, wenn er während eines Halbjahres das Rechtsstudium an einer Universität fortgesetzt und mindestens an einer mit schriftlichen Arbeiten verbundenen Übung teilgenommen hat. Das Prüfungsamt kann bestimmen, daß das Rechtsstudium während eines zweiten Halbjahres fortzusetzen ist; es kann auch die Fächer bezeichnen, deren Studium zu wiederholen ist. Statt der Fortsetzung des Studiums während eines Halbjahres kann das Prüfungsamt dem Prüfling auch nur die Teilnahme an Übungen mit schriftlichen Arbeiten aufgeben; in diesem Falle genügt es, daß der Prüfling während einer auf zwei Studienhalbjahre verteilten Zeit von zusammen mindestens vier Monaten an solchen Übungen teilnimmt. Die letztere Bestimmung soll mit Rücksicht darauf, daß Übungen nicht wie Vorlesungen ein in sich geschlossenes Ganzes bilden, es dem Prüfling ermöglichen, schon während eines Semesters in die Übungen einzutreten.

Gegen alle den Ausfall der Prüfung betreffenden Entscheidungen des Prüfungsamtes ist keinerlei Beschwerde gegeben (§ 23 AusbildungsO.). Auch die Einsichtnahme in die Prüfungsakten kann nicht verlangt werden, auch dann nicht, wenn der Prüfling später Beamtencharakter erlangt hat; denn die Prüfungsakten einschl. der Prüfungsarbeiten gehören nicht zu den Personalnachweisen der Beamten, sondern sind Sonderakten der Prüfungsämter über das Prüfungsverfahren (Rundverf. des JM. vom 26. 6. 1923). Jedoch wird einem Wunsche der Prüflinge, die die Prüfung nicht bestanden haben, daß mit ihnen die Prüfungsarbeiten besprochen und sie auf die gemachten Fehler hingewiesen werden möchten, wohl stets entsprochen.

Die Prüfung ist auch dann, und zwar ohne daß der Prüfling zur mündlichen Prüfung zugelassen wird, nicht bestanden, wenn sämtliche schriftliche Prüfungsarbeiten für ungenügend erachtet sind. Die Entscheidung trifft der Vorsitzende, auf Anrufung durch den Prüfling das Prüfungsamt (§ 17 AusbildungsO.). Auch hier ist eine Beschwerde an den Justizminister ausgeschlossen. Der Vorsitzende hat in solchem Falle, vorbehaltlich der Nachprüfung durch das Prüfungsamt, auch darüber zu entscheiden, auf wie lange und in welcher Weise der Prüfling das Studium fortzusetzen hat, ehe er zur Wiederholung der Prüfung zugelassen werden kann (Verf. des JM. vom 29. 11. 1923).

Bereits oben B II 3 ist gesagt, daß eine Prüfung als nicht bestanden gilt, wenn sie ohne Genehmigung des Vorsitzenden abgebrochen oder innerhalb eines Jahres seit dem Tage, an dem die Zulassung des Prüflings verfügt ist, nicht erledigt ist. Es treten hier also dieselben Wirkungen ein, wie wenn das Prüfungsverfahren durchgeführt, die Prüfung aber nicht bestanden worden wäre.

Noch in einem weiteren Falle kann das Prüfungsverfahren vor Durchführung der Prüfung seinen Abschluß finden. Ein Prüfling nämlich, der bei der Prüfung zu täuschen versucht, insbesondere die Versicherung der selbständigen Anfertigung der häuslichen Prüfungsarbeit falsch abgibt — z. B. indem er eine bei der Arbeit benutzte Quelle verschweigt oder auf die benutzten Quellen in der Arbeit nicht deutlich hinweist, oder zwecks Erforschung und Feststellung der Literatur Mietbüchereien in Anspruch genommen hat — oder der bei Anfertigung einer Klausurarbeit zu täuschen versucht, oder von der weiteren Teilnahme an dem Klausurtermin wegen eines Verstoßes gegen die Ordnung wiederholt ausgeschlossen worden ist, wird nach Maßgabe seines Verschuldens durch das Prüfungsamt für ein Studienhalbjahr oder für zwei Halbjahre oder für immer von der Prüfung ausgeschlossen. Bei zeitweiliger Ausschließung ist während deren Dauer das Rechtsstudium an einer Universität fortzusetzen. Der Beschluß, der die dauernde Ausschließung ausspricht, bedarf der Bestätigung durch den Justizminister. Über eine erst nach der Prüfung entdeckte Verfehlung hat, wenn die Prüfung nicht bestanden war, das Prüfungsamt noch nachträglich zu beschließen; es kann insbesondere die Voraussetzungen, unter denen die Wiederholung der Prüfung zugelassen wird, verschärfen oder auch die dauernde Ausschließung beschließen. Gegen Entscheidungen des Prüfungsamts, soweit sie nicht schon aus sich der Bestätigung durch den Justizminister bedürfen, findet Beschwerde an den Justizminister statt. Jeder Beschluß, der die zeitweilige oder die dauernde Ausschließung ausspricht, wird auch den Vorsitzenden der anderen Prüfungsämter mitgeteilt (§ 22 AusbildungsO.). Der zeitweilige Ausschluß von der Prüfung hat im übrigen nicht die Wirkung einer nichtbestandenen Prüfung. Erfolgt der Ausschluß bei einer erstmaligen Prüfung, so ist daher auch die Prüfung, in die der Kandidat demnächst wieder eintritt, eine erstmalige Prüfung; erfolgt der Ausschluß von einer Wiederholungsprüfung, so ist auch die spätere Prüfung wieder eine Wiederholungsprüfung, zu der die Zulassung nicht einer vorhergehenden Genehmigung des Justizministers bedarf.

6. Wiederholung der Prüfung.

Das Nichtbestehen einer Prüfung darf nicht als eine Schande empfunden werden. Auch einem begabten und fleißigen Kandidaten kann die Prüfung mißlingen. Ein Grund zu Vorwürfen gegen sich selbst besteht nur dann, wenn der Kandidat sich sagen muß, daß er während seiner Studienzeit oder während der Prüfung seine Pflichten vernachlässigt hat und er hierauf den Mißerfolg zurückzuführen muß. Andererseits muß eine mißlungene Prüfung immer Anlaß geben zu einer ernsthaften Selbstprüfung dahin, ob der Mißerfolg nicht etwa hauptsächlich auf mangelnder juristischer Begabung beruht. Muß der Prüfling dies bejahen, so sollte er die Entschlußkraft aufbringen, sich alsbald nach einem Beruf umzusehen, der seinen Fähigkeiten mehr entspricht. Denn ohne Begabung für den juristischen Beruf läuft er Gefahr, die Prüfung auch bei der Wiederholung nicht zu bestehen; falls er aber bestehen sollte, wird er in der juristischen Laufbahn doch überall auf Schwierigkeiten und Hemmungen stoßen und dieses Berufes niemals froh werden können. Glaubt dagegen der Kandidat, daß es ihm an juristischer Begabung nicht fehlt, und entschließt er sich, das juristische Studium fortzusetzen, so soll er mit allem Eifer bestrebt sein, die Lücken in seiner wissenschaftlichen Ausbildung auszufüllen.

Zur Wiederholung der Prüfung kann der Prüfling erst dann zugelassen werden, wenn er die oben B II 5 bezeichneten Voraussetzungen erfüllt hat. In der Wahl der Universität, an der er seine weiteren Studien betreiben will, ist er frei. Dagegen ist die Prüfung grundsätzlich vor demselben Prüfungsamt zu wiederholen, bei dem die erstmalige Prüfung stattgefunden hat. Erleichterungen werden dem Prüfling bei der zweitmaligen Prüfung nur gewährt, soweit ihm solche bei der Verkündung des Ergebnisses der erstmaligen Prüfung ausdrücklich zugestanden worden sind. Ein solcher Erlaß einzelner Prüfungsleistungen wird von den Prüflingen allgemein als Erleichterung empfunden, was er ja auch sein soll; er schließt jedoch einen gewissen Nachteil in sich, insofern nämlich bei der zu wiederholenden Prüfung der Wegfall einzelner Prüfungsteile die Möglichkeit eines Ausgleiches zwischen weniger befriedigenden Leistungen mit anderen besser ausgefallenen mindert. Im übrigen kann hinsichtlich der Ansprüche, die an die Prüflinge zu stellen sind, kein Unterschied gemacht werden zwischen einem Wiederholer und einem Prüfling, der sich zum ersten Male der Prüfung unterzieht. Gleiches gilt andererseits aber auch für die Prädikatserteilung. Es ist ein Irrtum, wenn angenommen wird, daß ein Wiederholer nur mit „ausreichend" bestehen könne; es ist vielmehr durchaus nicht selten, daß auch einem Wiederholer bei entsprechenden Leistungen das Prädikat „vollbefriedigend" oder „gut" zuerkannt wird.

Die Prüfung kann grundsätzlich nur einmal wiederholt werden. Nur ausnahmsweise bewilligt der Justizminister einem Prüfling nach zweimaligem Mißlingen der Prüfung die drittmalige Zulassung zur Prüfung. Voraussetzung ist, daß in der Person des Rechtskandidaten besondere Gründe vorliegen, welche die Annahme rechtfertigen, daß der Kandidat während einer der Prüfungen an der Vorbereitung zur Prüfung oder an der ordnungsmäßigen Herstellung der schriftlichen Arbeiten unverschuldet — insbesondere infolge einer nachweislichen ernstlichen Erkrankung — verhindert gewesen ist. Auch muß eine gewisse Gewähr dafür bestehen, daß eine nochmalige Prüfung Erfolg hat (Verf. des JM. vom 22. 3. 1904). Im Falle einer nochmaligen Zulassung trifft der Justizminister — zumeist in dem oben B II 5 bezeichneten Rahmen — auch Bestimmung über die Dauer und den Gegenstand des weiteren Rechtsstudiums (§ 21 AusbildungsO.).

7. Prüfungsgebühren.

Die von dem Prüfling für die erste juristische Prüfung zu erhebende Gebühr beträgt zur Zeit *RM* 115.—. Die Gebühr ist alsbald nach der Zulassung zur Prüfung zu entrichten. Bestimmungen über Stundung oder Erlaß der Gebühr bestehen nicht. Jedoch darf es wohl als zulässig erachtet werden, dem Prüfling bei glaubhaft gemachter wirtschaftlicher Not die Zahlung in Raten bis zum Klausurtermin zu bewilligen. Die Gebühr ist für die Wiederholungsprüfung in voller Höhe erneut zu entrichten, und zwar auch dann, wenn dem Kandidaten einzelne Prüfungsleistungen erlassen sind.

Wird das Prüfungsverfahren nicht bis zu Ende durchgeführt, so wird die Hälfte der Gebühr zurückerstattet.

Sachverzeichnis.

Enzyklopädie der Rechts- und Staatswissenschaft

Herausgegeben von

Dr. Eduard Kohlrausch Professor an der Universität Berlin
Dr. Walter Kaskel Professor an der Universität Berlin
Dr. Arthur Spiethoff Professor an der Universität Bonn

Die mit * bezeichneten Bände liegen fertig vor, die übrigen befinden sich in Arbeit.

Subskribenten auf sämtliche Lieferungen erhalten die einzelnen Lieferungen je nach Erscheinen zu einem gegenüber dem Ladenpreis um 10% ermäßigten Vorzugspreise.

Rechtsphilosophie

*1. **Rechtsphilosophie.** Von Prof. Dr. **Max Ernst Mayer** †, Frankfurt a. M. Zweite, unveränderte Aufl. VIII, 98 S. 1926. RM 4.80

Rechtsgeschichte

*2.3. **Römisches Recht: Geschichte und System des Römischen Privatrechts.** Von Prof. Dr. **Paul Jörs**, Wien, nebst **Abriß des Römischen Zivilprozeßrechts** von Prof. Dr. jur. et phil. **Leopold Wenger**, Wien. XVI, 289 Seiten. 1927. RM 18.—

4. **Deutsche Rechtsgeschichte.** Von Prof. Dr. **A. Zycha**, Bonn.

*5. **Grundzüge des Deutschen Privatrechts nebst Anhang: Quellenbuch.** Von Prof. Dr. **Hans Planitz**, Köln a. Rh. Mit 2 Abbildungen. X, 192 Seiten. 1925. RM 8.70

*6. **Rechtsentwicklung in Preußen.** Von Prof. Dr. **Eberhard Schmidt**, Kiel. VI, 41 Seiten. 1923. RM 1.80

Zivilrecht und Zivilprozeß

*7. **Bürgerliches Recht. Allgemeiner Teil.** Von Geh. Justizrat Prof. Dr. **Andreas von Tuhr** †, Zürich. Zweite, unveränderte Auflage. VI, 66 Seiten. 1926. RM 2.80

*8. **Bürgerliches Recht. Recht der Schuldverhältnisse.** Von Prof. Dr. **Heinrich Titze**, Berlin. Zweite, verbesserte Auflage. VI, 141 Seiten. 1926. RM 6.90

*9. **Bürgerliches Recht. Sachenrecht.** Von Prof. Dr. **Julius von Gierke**, Halle a. d. S. VIII, 167 Seiten. 1925. RM 6.60

*10. **Bürgerliches Recht. Familienrecht.** Von Prof. Dr. **Heinrich Mitteis**, Heidelberg. Zweite, erweit. Aufl. VI, 90 S. 1928. RM 4.80

*11. **Bürgerliches Recht. Erbrecht.** Von Prof. Dr. **Julius Binder**, Göttingen. VI, 83 Seiten. 1923. RM 3.20

*12. **Handelsrecht mit Wechsel- und Scheckrecht.** Von Geh. Hofrat Prof. Dr. **Karl Heinsheimer**, Heidelberg. Zweite, erweiterte Auflage. VIII, 160 Seiten. 1927. RM 7.50

*13. **Privatversicherungsrecht.** Von Geh. Hofrat und Geh. Justizrat Prof. Dr. **Victor Ehrenberg**, Göttingen. V, 25 Seiten. 1923. RM 1.50

*14. **Urheber- und Erfinderrecht.** Von Geh. Hofrat Prof. Dr. **Philipp Allfeld**, Erlangen. VI, 21 Seiten. 1923. RM 1.40

*15. **Internationales Privatrecht.** Von Prof. Dr. **Karl Neumeyer**, München. VI, 33 Seiten. 1923. RM 1.60

(Siehe auch umstehend.)

Enzyklopädie der Rechts- und Staatswissenschaft

Zivilrecht und Zivilprozeß

17. **Zivilprozeßrecht.** Von Prof. Dr. **James Goldschmidt**, Berlin.

*18. **Konkursrecht.** Von Geh. Hofrat Prof. Dr. **Ernst Jaeger**, Leipzig. 170 Seiten. 1924. RM 6.90

*19. **Freiwillige Gerichtsbarkeit.** Von Prof. Dr. **Friedrich Lent**, Erlangen. 30 Seiten. 1925. RM 2.70

Strafrecht und Strafprozeß

20. **Strafrecht.** Von Prof. Dr. **Eduard Kohlrausch**, Berlin.

*21. **Strafprozeßrecht.** Von Geh. Hofrat Prof. Dr. **Karl von Lilienthal** †, Heidelberg. VI, 97 Seiten. 1923. RM 3.20

22. **Kriminalpolitik.** Von Prof. Dr. **Ernst Rosenfeld**, Münster i. W.

*22a. **Preßrecht.** Von Landgerichtsrat Dr. **H. Mannheim**, Privatdozent an der Universität Berlin. VIII, 112 Seiten. 1927. RM 6.60

Öffentliches Recht

*23. **Allgemeine Staatslehre.** Von Prof. Dr. **Hans Kelsen**, Wien. XVII, 433 Seiten. 1925. RM 21.—; gebunden RM 26.—

24. **Deutsches Staatsrecht (Reichs- und Landesstaatsrecht).** Von Prof. Dr. **Erwin Jacobi**, Leipzig.

*25. **Verwaltungsrecht.** Von Prof. Dr. **Walter Jellinek**, Kiel. XVIII, 549 Seiten. 1928. RM 30.—

*26. **Österreichisches Verfassungsrecht.** Von Minist.-Rat Prof. Dr. **Leo Wittmayer**, Wien. VI, 27 Seiten. 1923. Nachtrag 1926. 8 Seiten. RM 2.55

*27. **Ausländisches Staatsrecht.** 1. Verfassungsrecht der angelsächsischen Staatenwelt. Von Prof. Dr. **Otto Koellreuter**, Jena. VI, 31 Seiten. 1923. 2. Verfassungsrecht der übrigen europäischen Staaten. Von Prof. Dr. **Hans Gmelin**, Gießen. IV, 38 Seiten. 1923. RM 3.—

*28. **Steuerrecht.** Von Prof. Dr. **Albert Hensel**, Bonn a. Rh. XII, 197 Seiten. Zweite, völlig neubearbeitete Auflage. 1927. RM 10.50

*29. **Kirchenrecht.** Von Geh. Justizrat Prof. Dr. **Erwin Ruck**, Basel. VI, 84 Seiten. 1926. RM 3.90

30. **Völkerrecht.** Von Prof. Dr. **Victor Bruns**, Berlin.

Sozialrecht und Wirtschaftsrecht

31. **Arbeitsrecht.** Von Prof. Dr. **Walter Kaskel**, Berlin. Dritte, erweiterte und ergänzte Auflage. Erscheint Anfang Februar 1928

31a. **Soziales Versicherungsrecht.** Von Prof. Dr. **Walter Kaskel**, Berlin.

31b. **Fürsorgerecht.** Von Stadtrat Dr. **H. Muthesius**, Berlin.

32. **Wirtschaftsrecht.** Von Prof. Dr. **Walter Kaskel**, Berlin, und Geh. Regierungsrat Dr. **Reichardt**, Ministerialdirektor, Berlin.

(Siehe auch nächste Seite.)

Enzyklopädie der Rechts- und Staatswissenschaft

Allgemeine Volkswirtschaftslehre

33. **Allgemeine Volkswirtschaftslehre.** Von Geh. Hofrat Prof. Dr. **Otto von Zwiedineck-Südenhorst**, München.

*34. **Geschichte der Volkswirtschaftslehre.** Von Prof. Dr. **Edgar Salin**, Heidelberg. 42 Seiten. 1923. RM 1.80

*35. **Die Ordnung des Wirtschaftslebens.** Von Geh. Reg.-Rat Prof. Dr. **Werner Sombart**, Berlin. Zweite, verbesserte Auflage. VI, 64 Seiten. 1927. RM 3.60

36. **Geld und Währung.** Von Prof. Dr. **Joseph Schumpeter**, Bonn a. Rh.

37. **Kredit und Banken (Kapital und Geldmarkt).** Von Prof. Dr. **Arthur Spiethoff**, Bonn a. Rh.

Besondere Volkswirtschaftslehre

38. **Landwirtschaft (Landwirtschaftl. Betrieb und Agrarpolitik).** Von Prof. Dr. **Otto Auhagen**, Berlin.

*39. **Gewerbepolitik.** Von Geh. Leg.-Rat Prof. Dr. **K. Wiedenfeld**, Leipzig. X, 213 Seiten. 1927. RM 9.60

40. **Innerer Handel.** Von Prof. Dr. **Theodor Beste**, Dresden.

41. **Äußerer Handel.** Von Prof. Dr. **Friedrich Beckmann**, Bonn a. Rh.

42. **Verkehr.** Von Prof. Dr. **Erwin von Beckerath**, Köln a. Rh.

43. **Versicherungswesen.** Von Regierungsrat a. D. Dr. **Fritz Herrmannsdorfer**, Hamburg.

44. **Sozialpolitik, Wohlfahrtspflege und Armenwesen.** Von Prof. Dr. **Gerhard Keßler**, Jena.

Finanzwissenschaft

45. **Finanzwissenschaft.** Von Prof. Dr. **Hans Teschemacher**, Königsberg in Preußen.

Nachbargebiete der Volkswirtschaftslehre

46. **Statistik.** Von Präsident Prof. Dr. **Friedrich Zahn**, München.

47. **Wirtschaftsgeschichte.** Von Prof. Dr. **Hermann Aubin**, Gießen.

*48. **Gesellschaftslehre.** Von Prof. Dr. **Carl Brinkmann**, Heidelberg. 40 Seiten. 1925. RM 2.40

49. **Wirtschaftsgeographie.** Von Prof. Dr. **Otto Quelle**, Bonn a. Rh.

50. **Betriebswirtschaftslehre.** Von Prof. Dr. **W. Prion**, Berlin.

*51. **Chemische Technologie.** Von Prof. Dr. **Arthur Binz**, Berlin. Mit 11 Abbildungen. 81 Seiten. 1925. RM 3.90

52. **Physikalische Technologie.** Von Prof. Dr. **F. F. Martens**, Berlin.

GPSR Compliance

The European Union's (EU) General Product Safety Regulation (GPSR) is a set of rules that requires consumer products to be safe and our obligations to ensure this.

If you have any concerns about our products, you can contact us on ProductSafety@springernature.com

In case Publisher is established outside the EU, the EU authorized representative is:

Springer Nature Customer Service Center GmbH
Europaplatz 3
69115 Heidelberg, Germany

Batch number: 10844623

Printed by Printforce, the Netherlands